Nela Vogel
WAT SE FACK

PIPER

Zu diesem Buch

WAT SE FACK vereint Meisterstücke der 140-Zeichen-Werke unserer Nation. Neben persönlichen Eingeständnissen werden schmerzhaft-treffsichere Alltagsbeobachtungen und bissige Kommentare zum politischen Geschehen geteilt. Es geht um Themen, die uns alle umtreiben: Supermarktquerulanten, Sport-, Schokolade- und Katzenschwächen und den Umgang mit den noch nicht ausreichend digitalisierten Eltern. Zum Staunen, Lachen, Sich-selbst-Wiedererkennen und Bewundern.

Nela Vogel studiert Kommunikationswissenschaft in Hamburg. Sie ist leidenschaftliche Treuepunkte-Sammlerin und träumt von einer Linien-Busreise durch Deutschland.

#WATSEFACK

Das Beste von Twitter

Herausgegeben von Nela Vogel

Piper München Zürich

Mehr über unsere Autoren und Bücher:
www.piper.de

Aktuelle Neuigkeiten finden Sie auch auf
Facebook, Twitter und YouTube

MIX
Papier aus verantwortungsvollen Quellen
FSC® C083411
FSC
www.fsc.org

Originalausgabe
April 2015

Umschlaggestaltung: semper smile, München
Umschlagabbildung: Peter Frommann, Köln, shutterstock/
Susanne Krogh-Hansen
Satz: Uhl+Massopust, Aalen
Gesetzt aus der Avenir Roman
Papier: Munken Print von Arctic Paper Munkedals AB, Schweden
Druck und Bindung: CPI books GmbH, Leck
Printed in Germany ISBN 978-3-492-30663-8

Inhalt

9 **Vorwort**

11 **Die Twitterer**

19 **#UnterMenschen**
ACHTUNG ALLERGIKER: Menschen können Spuren von dummen Nüssen enthalten. @s_ill_e
→ *Supermarkt-Spezial* 44

49 **#IhrKenntDas**
Umso gemütlicher du im Bett liegst, desto dringender musst du pinkeln. – Konfuzius @_ungenau_
→ *Erkenntnisse-Spezial* 75

79 **#Arbeit**
Das einzige, was wir hier in der Firma sauber abwickeln, sind die Klopapierrollen. @Wassagtihrdazu

95 **#Privat**
Ich führe ein Leben wie Hugh Hefner. Also ohne die Frauen. Und ohne das Geld. Eigentlich trage ich nur oft einen Bademantel. @Pokerbeats

119 **#GesundLeben**
Wollte joggen gehen, aber bei dieser Dunkelheit sieht's ja keiner. @prunio

135 **#Kleintierhalter**
Die Katzen klopfen an die Tür. Mit ihrem gesamten Körper. @MaoriHH

143 **#Zwischenmenschliches**
»Habe ein neues, voll brutales Killerspiel entdeckt.«
»Wie heißt es?«
»Liebe.« @RitaKasino
→ *Männer-Frauen-Spezial* 164

169 **#Familienglück**
Nach jedem Besuch bei der Oma ist das Kind erzieherisch wieder auf die Werkseinstellungen zurückgesetzt >:(@GebbiGibson
→ *Für-immer-Kind-Spezial* 189

193 **#ImLaufeDerZeit**
Als Erwachsener ist man hauptsächlich müde. @namenlos4

203 **#SchöneDigitaleWelt**
»Wie spät ist es?«
»Sie haben keine Uhr?«
»Nein.«
»Kein Handy?«
»Nein.«
»iPod? iPad?«
»NEIN!«
»Dann muss es so kurz vor der Kreidezeit sein!«
@Schlachtzeile

223 **#Unterwegs**
Wenn man täglich Bahn fährt, ist Halloween auch nur ein Tag wie jeder andere @hf_sports

233 **#Isso**
Die Grenze des guten Geschmacks ist leider unbewacht. @gallenbitter
→ *Mitbewohner-Spezial* 254

257 **#Panorama**
Wenn du 3× laut »Große Koalition« in den Badezimmerspiegel rufst, erscheint Willy Brandt und kotzt dir auf die Schuhe. @Regendelfin

279 **#WatSeFack**
Is' die Nahrungskette eigentlich das lustige Ding am Einkaufwagen, wegen dem man immer 'nen Euro dabeihaben muss? @Biobratwurst

Vorwort

Twitter ist wie eine WG, in der zu jeder Uhrzeit jemand in der Küche sitzt.
@namenlos4

Werden die Fruchtfliegen irgendwann unser tolerantes Nebeneinanderherleben beenden und mich aus der Wohnung schmeißen?

Soll ich mir diesen Kaffee am Flughafen kaufen oder lieber drei weitere Monate meine Familie ernähren?

Und wann merken die anderen, dass ich nicht besonders tolerant bin, sondern mir nur einfach vieles scheißegal ist?

So viele Fragen, die uns umtreiben. So viele Menschen, die diese Fragen mit uns teilen. Twitter – das ist eine Gemeinschaft. Mitfühlen, Mitlachen, Wiedererkennen. Nicht nur Information, sondern auch Unterhaltung. Es ist Nabelschau und Alltagsverarbeitung. Die virtuelle Stimme aus dem Off, die viele Stimmen auf einmal vereint – ein kollektives Getratsche, Gerede, manchmal auch Gezetere.

Dieses Buch ist mehr als eine Sprüchesammlung. Es vereint 140-Zeichen-Kunststücke von kreativen, witzigen, intelligenten Beobachtern unserer Gesellschaft. Sie berichten von ganz privaten, manchmal entlarvenden Selbsterkenntnissen. Sie beichten Sport-, Schokolade- und Katzenschwächen.
Sie beobachten die anderen genau – und sei es nur, um ihnen besser aus dem Weg gehen zu können. Sie teilen mit der Welt, was sie beschäftigt, was sie entdeckt, erkannt, beobachtet haben. Da, wo jedes Würstchen gleich auch noch seinen eigenen Senf mitbringt: im Internet.

27 wunderbare Twitterer haben sich hier zusammengefunden. 27 Wortakrobaten, denen zum Schweigen die Worte fehlen. Gut so!

Viel Spaß mit dem Besten von Twitter!

Eure
Nela Vogel

Twitter ist wie 'ne Schulklasse. 1–3 % hören zu, der Rest pennt oder schaut verträumt aus'm Fenster. Ab und an fliegt 'n Stück Kreide. @s_ill_e

Die Twitterer

Akkordeonistin
@akkordeonistin

Wem habe ich das alles bloß erzählt,
bevor es Twitter gab?

Bio Bratwurst
@Biobratwurst

Ich bin 70 % glückliches Schwein, das 30 % glückliches
Rind in einem glücklichen Naturdarm gefunden hat!

bov bjerg
@bov

On Twitter to tell everyone how the rabbit runs.
Zwei Romane: Deadline (2008), Auerhaus (2015).
Mehr: www.bjerg.de

der_handwerk
@der_handwerk

Derek Handwerkmann lebt im Pott. Er trinkt gerne mal ein kleines Pils und hat keine Katze.

Nicht Chevy Chase
@DrWaumiau

Hallo, mein Name ist Dr.Waumiau. Sie kennen mich vielleicht aus Filmen wie WASSER FÜR DIE DILETTANTEN, LOCUS POCUS und EISKALTE BENGEL.

eingenickt
@eingenickt

Kurz zu mir: Rap und Balladen, Lesen und Schreiben, Lost und Käpt'n Balu. Das dürfte das Wichtigste über mich sein.

gallenbitter
@gallenbitter

Grün. Quadratisch. Ungut.

Gebbi Gibson
@GebbiGibson

Mit meinem gut laufenden Twitteraccount fühle ich mich für all die Lebenswidrigkeiten nur unzureichend entschädigt.

Haus Ohne Fenster
@HausOhneFenster

Ich bin schon sehr gespannt, worauf ich hinauslaufe.

Heinrich
@hf_sports

Hendrik, 32. Von Hamburch in 140 Zeichen um die Welt. Über Frauen, das Leben als Papa und den täglichen Wahnsinn auf allen 5 Kontinenten

---

Jesse Custer
@jesscuster

Mag Pizza, Bier, Berlin und Medizin. Ich weiß doch auch nicht, wie ich hier reingeraten bin.

Maori
@MaoriHH

Maori heißt wirklich so. Er lebt mit seiner Familie in einer Guruhöhle im Ruhrgebiet.

Tomster
@namenlos4

Man sagt, ich befinde mich irgendwo zwischen intelligent, witzig, charmant und besoffenem Russenzuhälter.

---

nutellagangbang
@nutellagangbang

Für eine Meinung bin ich häufig nicht egozentrisch genug.

Pfefferine
@Pfefferine

Verschiedene Menschen habe ich gebeten, mich zu beschreiben, und muss überraschenderweise feststellen: Ich bin toll!

Christian Pokerbeats
@Pokerbeats

Ich bin zugezogener Berliner.
Ich lebe in Prenzlauer Berg.
Ich bin Komponist und Autor.
Ich bin ein Klischee – aber in unterhaltsam.

prunio
@prunio

Prunio, vom Tellerwäscher zum Twitterer.

emoprunio
@emoprunio

Sein Leben ist traurig aber wahr.

Marie von den Benken
@Regendelfin

Pickup lines? Nur, wenn es sich um den Schokoriegel handelt! Fakes? Nur, wenn es sich um den Beischlaf handelt!

Rita Kasino
@RitaKasino

Weil ich als Familienvater viel zu selten auf Konzerten bin, schütte ich mir abends gerne mal von hinten Bier über den Kopf.

Schlachtzeile
@Schlachtzeile

Hamburger, Journalist und dreifacher Waldorfschüler-vater – also alles, was Sie in Ihren (Alb-)Träumen auch gern wären.

630er
@sechsdreinuller

Man investiert Zeit, die man nicht hat, in Sprüche, die man nicht braucht, um Leute zu beeindrucken, die man nicht kennt.

SE7ENBEN
@SE7ENBEN

Niveaulimbo und Weltraumschrott, zwischen Mars, Saturn und Mond, twittert Ben seit 2011 täglich Anekdoten aus dem Alltag eines Astronauten.

SofaSille
@s_ill_e

Hallo, mein Name ist Sille und ich habe es aufgegeben, Twitter erklären zu wollen. Vielleicht hat dieses Buch mehr Glück. Toi Toi Toi!

t5a
@t5a

Ein einfacher Typ aus einer einfachen Gegend.

un_ge_nau
@_ungenau_

Wenn man bei Twitter den Ton ausmacht,
geht's eigentlich.

Wassagtihrdazu
@Wassagtihrdazu

Ich mag das Leben und die Leute darin. Twitter ist nett und viele Follower auch :)

#UnterMenschen

ACHTUNG ALLERGIKER: Menschen können Spuren von dummen Nüssen enthalten. @s_ill_e

Die Hölle findet man nicht selten im Supermarkt. Zwischen Kuchen- und Keksregal tummeln sich Menschen, die wir mal mit Schmunzeln im Gesicht beäugen, mal mit unkontrollierter Wut. Aber nicht nur beim Einkaufen bringen uns unsere Mitmenschen in Situationen, die eigentlich nur unter Narkose so richtig gut zu ertragen sind: Sie sind überall. Im Park. Im Restaurant. Im Stockwerk über uns. Im Zimmer nebenan. Und somit: Beobachtungsobjekt Nummer eins von – Menschen.

Menschen, die sich online bei einem IQ-Test anmelden und in eine Abo-Falle geraten. Dieses Szenario bedarf keines weiteren Kommentars. @Biobratwurst

---

Ich hätte mein Leben gerne so in Ordnung wie Menschen, die sich im Radio Lieder wünschen, die sowieso den ganzen Tag im Programm laufen. @Pokerbeats

---

Wer glaubt, die Menschheit hätte eine Zukunft, hat sich noch nie Kommentare auf YouTube durchgelesen.
@se7enben

Nina hat 18 Snickers. Sie isst 4 sofort, 8 tauscht sie gegen 10 Mars. Sie verkauft 6 Mars und kauft 14 Big Mac. Warum trägt sie Leggings? @Regendelfin

---

»Glaub mir. Das habe ich schon tausendmal gemacht.«
Jemand, der es noch nie gemacht hat. Nie.
@sechsdreinuller

»Ach, da kenne ich mich nicht aus und halte lieber meinen Mund.«
Menschen, viel zu selten. @Pokerbeats

Ich bin immer für dich da. Wirklich immer.
Außer es geht dir schlecht und du brauchst mich.
Dann bin ich auf einer Marsexpedition. @RitaKasino

Eines muss man Zoos lassen: Die Nachzucht von Jack-Wolfskin-Pärchen ist äußerst erfolgreich. @sechsdreinuller

---

»Wir müssen die Macht über unsere Daten zurückholen.«
Gewinne ein iPad: Trage Email, Name und Geburtsdatum hier ein
»Geil, ein iPad!« @RitaKasino

Ich habe Angst vor Menschen, die bei Amazon-Bewertungen zu einem Brillenputztuch schreiben: »Farbe weniger intensiv beige als abgebildet«. @Pokerbeats

---

Im Alltag bin ich ein blasser Informatiker. Aber im Urlaub klatsche ich schon mal unrhythmisch mit, wenn »Griechischer Wein« gespielt wird. @GebbiGibson

---

Solang Menschen in Cola-Kästen die Flasche mit ihrem Namen suchen, bezweifle ich, dass wir die intelligenteste Lebensform im Universum sind. @Pokerbeats

---

Der Nachbar fährt seinen Kleinen nur mit dem SUV zur Grundschule ums Eck, »weil das davor so unübersichtlich wegen der vielen Autos ist«. @der_handwerk

---

Bei uns gibt es keinen Apple Store. Hier zeltet die Jugend noch vor dem Netto, weil am nächsten Tag das Bier im Angebot ist. @_ungenau_

Wenn man Dorfmenschen in Panik versetzen will, einfach außer der Reihe eine Mülltonne an die Straße stellen. @namenlos4

Wie kommen Menschen eigentlich darauf, dass man in der Stadt, in der man wohnt, gute Hotels kennt? @Pokerbeats

---

»Ich kann nur morgen Abend.«
»Ich auch.«
»Sollen wir das fest machen?«
»Ich schicke dir gleich ein Doodle ohne Alternativen.«
»Sehr gut.« @GebbiGibson

Menschen, die immer ganz ernst gucken, haben bestimmt einen aufblasbaren Keller für die Hosentasche dabei. @_ungenau_

Ich habe Angst vor Menschen, die bei Amazon-Bewertungen zu einem Wasserkocher schreiben: »Blubbert zu aggressiv, gebe nur 3 von 5 Sternen!«. @Pokerbeats

---

»Zum Bleistift«, »Herzlichen Glühstrumpf zum Burzeltag«, »An und Pfirsich«, »Bis baldrian« – immer mehr Menschen verwenden den Idiotiv. @sechsdreinuller

---

Menschen, die beim Italiener auf Italienisch bestellen, sind entweder Italiener oder Idioten. @gallenbitter

---

Am Buffet merkt man, dass der Mensch vom Tier abstammt. @Pokerbeats

---

»Der neue Kollege ist schwul, stört dich das nicht irgendwie?«
»Bis eben hat mich ja auch nicht gestört, dass du 'ne hohle Fritte bist.« @s_ill_e

---

Manche Menschen sind wie Websites, die automatisch Sound abspielen, wenn man sie öffnet. @Pokerbeats

---

Leute in deinem Bus, die kein Deo kauften, kauften häufig auch nicht Shampoo, Zahnbürste, Zahnpasta, Duschgel. @Pokerbeats

---

Furzlangweilige Menschen erkennt man übrigens daran, dass sie über sich selbst sagen, sie seien »ein bisschen durchgeknallt und verrückt«. @nutellagangbang

---

Menschen, die »Windoof« sagen, sagen auch »Teuro«, »Burtseltag« oder »WARUM SCHÜTTEST DU MIR HEISSEN KAFFEE INS GESICHT?!«. @Pokerbeats

---

Wenn das Leben dir Bananen schenkt, erst mal beschweren ... Alle anderen haben schließlich Zitronen gekriegt. @s_ill_e

---

Ich bewundere Rentner für die Fähigkeit, in einem Tempo Fahrrad zu fahren, in dem ich schon längst einfach zur Seite weggekippt wäre. @nutellagangbang

---

Ich finde, Radfahrer, die sich auf derselben Seite entgegenkommen, sollten sich mit Lanzen duellieren müssen. @Pokerbeats

---

Radfahrer, die mit Helm einkaufen gehen.
Es könnte einen ja jederzeit an der Wursttheke ein Bus überfahren. @_ungenau_

Radfahrer, die an jeder roten Ampel demonstrieren müssen, wie toll sie mit ihrem Rad balancieren können, einfach umtreten. @t5a

---

»So herrlich, im Sommer draußen am See zu grillen. Schön, in der Natur draußen. Ach ja, und meinen Müll lasse ich hier liegen.«
Menschen. @GebbiGibson

Ich würde mir wünschen, mir wäre die Meinung anderer auch so egal wie Leuten, die ihre Tastentöne nicht abschalten. @Pokerbeats

---

Ich zweifelte an der Wiedergeburt, bis ich mit einer 20-Jährigen gesprochen habe, die den Verstand meines 1992 verstorbenen Hamsters hatte. @Biobratwurst

---

Kevin (15) verhütet mit »Coitus interruptus«. So wie es sein Vater (29), Großvater (44) und Urgroßvater (56) schon vor ihm getan haben. @Biobratwurst

---

Ich hätte auch gern mein Leben so im Griff wie Menschen, die den Backofen vorheizen. @nutellagangbang

---

Leute, die beim Einfahren in den Kreisverkehr blinken, drehen auch den Würfel bei Tetris, oder? @s_ill_e

---

Manche Mütter hier sind so öko, die haben bei ihrer Hochzeit sicher einen Brokkoli als Brautstrauß geworfen. @Pokerbeats

---

Interessanterweise haben ja Leute mit total wenig Ahnung immer sehr viel Meinung. @Wassagtihrdazu

---

Ich wäre auch gerne so optimistisch wie Menschen, die in einer Bar »erst mal nur ein kleines Bier« bestellen. @Pokerbeats

---

Leute, die so langsam reden, dass man zwischendurch mal den Puls fühlen möchte, um zu gucken, ob sie beim Formulieren verstorben sind. @s_ill_e

---

Ich wünschte, mir wäre die Meinung anderer auch so egal wie Nordic-Walkern. @Pokerbeats

Haben Typen mit Erektiler Dysfunktion echt diesen internen Geheimcode, dass sie alle ihre Polokragen hochstellen? @Regendelfin

---

Ich hätte auch gerne so viel Selbstbeherrschung wie ein Pizzabote. @Pokerbeats

---

»Zu warm! Zu kalt! Immer hast du was zu jammern.«
»Ich bin Deutsche, das ist angeboren.« @s_ill_e

Aufregen, wenn der Bus vor der Nase wegfährt.
Aufregen, wenn er auf einen Fahrgast wartet und nicht gleich weiterfährt.
Ich bin Deutschland. @Pokerbeats

»Geile Suppe! Erst mal das Haar suchen.«*
*Deutsche so … Immer! @s_ill_e

»Privatgrundstück« könnte das deutscheste Wort überhaupt sein. @Pokerbeats

---

»Sag mal, du kommst doch aus Norddeutschland. Findest du nicht auch, dass die Leute dort einsilbig sind?«
»Nö.« @nutellagangbang

Der Mann ist Schwabe. Um Geld zu sparen, fahren wir gleich schon rotzevoll auf den Weihnachtsmarkt. @s_ill_e

---

Es soll ja Stuttgarter geben, die nicht wissen, wo Kiel liegt. Haha, diese dämlichen Bayern! @nutellagangbang

---

Ein Mann im Fernsehen muss schätzen, wie viele Fahrräder jährlich gestohlen werden und gewinnt einen Rasenmäher. Deutscher geht es nicht. @Pokerbeats

---

Älteres Ehepaar vor Reisebüro. Im Schaufenster zeigt ein Film eine Karibikkreuzfahrt.
Sie: »Das sieht toll aus.«
Er: »Sind dat 50 Zoll?« @MaoriHH

Harte Liebe für den Typ, der eben in der Apotheke eine Handcreme verlangte, die »schneller einzieht als seine Exfrau bei ihrem neuen Lover«. @RitaKasino

---

Ein Hipsterpärchen, BEIDE in Jeans mit Straßsteinchen am Arsch. Folge jetzt schon zehn Minuten wie eine Elster, kann nicht stoppen. Hilfe. @jesscuster

---

Nichts sagt so schön »Mein ganzes Leben ist eine fette Party voll Frauen, Fame und Halli Galli« wie eine lustige Motivkrawatte @hf_sports

---

Das weibliche Gegenstück zur Motivkrawatte sind Frauen mit Blechkuchen und einem Dipp »für die Fete« @hf_sports

---

Gibt es Jack-Wolfskin-Jacken eigentlich auch für Singles? @prunio

---

Immer wenn auf dem Spielplatz eine Kinderstimme »Papa!« ruft, gucken zehn Typen orientierungslos von ihren Smartphones auf. @GebbiGibson

---

Heute das erste Mal zum ›Eltern-Kind-Turnen‹. Die meisten hatten ADHS. Schlimm. Die Kinder zum Glück hingegen alle ganz normal. @der_handwerk

---

Aus Afrika zurück in Deutschland. Muss mich erst wieder dran gewöhnen, dass die Affen hier größer sind und Camp-David-Hemden tragen @hf_sports

---

An meiner S-Bahn-Haltestelle schreit eine Frau mit Indianerschmuck »Alles ist vorbei, Gott hat Burnout!«. Das kann man sich nicht ausdenken. @Pokerbeats

---

Unser Viertel ist so spießig! Der Nachbar putzt das Auto mit der Zahnbürste! Konnte das gut beobachten, als ich den Bürgersteig gesaugt habe. @der_handwerk

---

Entweder hat die Dame hier einen arg orangen Selbstbräuner und zu lange Klimperwimpern oder die Maus geht heut ohne den blauen Elefanten aus @hf_sports

---

Nachbarin, die unsere »autoritäre Erziehung«
ablehnt, steht seit 30 Min. vor ihrer Tür, die ihre Kinder ihr nicht öffnen.
Frau, ich, Sekt! @Schlachtzeile

Hier ist es super!
Der Wirt zu einem sehr betrunkenen Gast:
»Soll ich ein Taxi rufen?«
Der Gast zum Wirt: »Warum, wo willst du denn hin?«
@Pokerbeats

---

6 Menschen warten an der roten Ampel. Ich laufe los. Einer folgt direkt. Dann noch einer. Dann gehen alle über Rot. So sind die Menschen. @t5a

Die Bäckerin packt wegen Regen zwei Tüten um die Croissants und ich habe jetzt viel Verständnis für Eltern, die ihre Kinder dick einpacken. @jesscuster

---

»So lange du nicht dein Eis aufisst, gibt es auch keine Schokolade!«
Die Nachbarn machen in der Erziehung von Linus nun offenbar ernst. @der_handwerk

---

Wollte eben am Bahnsteig meinen Gürtel ein Loch enger schnallen. Eine entgegenkommende Mutter hielt ihrem Kind sofort die Augen zu. >:(@t5a

---

Im Supermarkt erzählt ein Typ mit gebrochener Nase einer Bekannten, dass ihm das passiert ist, als er »unterm Solarium niesen« musste. @Pokerbeats

---

Die neue Nachbarin scheint etwas schrullig zu sein. Sie nennt das Bierfach des Kühlschranks ihr »Gemüsefach«. @der_handwerk

---

Extra wegen fremder Omi neben mir an roter Ampel stehen geblieben, läuft die Olle einfach über Rot und lässt mich wie so'n Loser dastehen. @t5a

Entweder die Frau hier in der Straßenbahn hat hässliche Kinder oder drei ziemlich coole Pokémon @hf_sports

---

In der Ringbahn singt gerade jemand ein Lied mit dem Refrain »Der Pelikan mag Marzipan«. Man kann sich das nicht ausdenken. @jesscuster

---

»Besondere Qualifikationen?«
»Konfliktmanagement.«
»Studium oder Weiterbildung?«
»›Mensch ärgere dich nicht‹ mit Familienmitgliedern.«
@DrWaumiau

Da wollte ich der netten alten Dame über die Straße helfen. Dann war es doch nur eine 18-Jährige auf dem Weg ins Solarium. @Biobratwurst

---

Porsche-Fahrer hupt, weil eine Oma die Straße langsam überquert. Die nächste Kurve schrammt er den Bordstein. Die Oma lacht.
Ich mag Omas. @Pokerbeats

Polizist ermahnt Oma, näher am Randstein zu parken. Die Oma gibt ihm 1 Euro und sagt »Für ein Eis. Scheinbar ist Ihnen heiß«.
Ich mag Omas. @Pokerbeats

Managertyp drängelt zur Supermarktkasse an Oma vorbei.
Oma stellt ihm Schnapsfläschchen aufs Band und sagt: »Für die Nerven«.
Ich mag Omas. @Pokerbeats

Bus.
Businesstyp ignoriert stehende Oma.
Punk bietet ihr Platz an. Oma zum Businesstyp: »Bessere Manieren und bessere Frisur.«
Ich mag Omas. @Pokerbeats

Stehe an der Bushaltestelle, beobachte Schüler und verabschiede mich mit einer leisen Träne von meiner Rente … @Biobratwurst

---

Jugendlicher fragte mich, wo »die Automat für die Kippen« steht. Hab ihm den Weg zur Grundschule beschrieben.
Jetzt heißt es Daumen drücken. @Biobratwurst

Männer, die im Fitnessstudio beim Betreten der Waage das Handtuch abnehmen, aber weiter in der Hand behalten. Physiker vor dem Herrn. @gallenbitter

---

Sie hat den Duschvorhang gewaschen. Gleich bügelt sie noch das Bügelbrett. @nutellagangbang

---

»Nimmst du denn auch mal den Staubsauger
in die Hand?«
Nein. In der Regel klemme ihn mir zwischen die
Pobacken und gallopiere durch's Haus. @jesscuster

---

8 Schülerinnen verabschieden sich in der U-Bahn.
Jede gibt jeder zwei Küsschen.
Wie viele Stationen vor dem Aussteigen müssen
sie beginnen? @gallenbitter

»Wetten wir, wer besser Deutsch kann?«
»Klar, gerne. Um was?«
»10€?«
»Komm schon, lass uns um mehr wie 10€ wetten.«
»Oh. Okay, 10.000€.« @Regendelfin

Liebe Mädchen, warum wohl tragen Elefanten keine Leggings? @prunio

---

Mädel neben mir telefoniert: »Ich hab den Geldbeutel bei eBay vercheckt und mein Ausweis war noch drin.«
Wie hält sie das Handy ohne Hilfe? @Biobratwurst

Wie soll man bitte ernst bleiben, wenn bei der Sparkasse am Counter vor dir ein Maurerlehrling sein erstes »Gyroskonto« eröffnen möchte? @Schlachtzeile

---

Sitze gerade am Badesee neben einer Gruppe pubertierender Jungs. Welche Eltern nennen ihre Söhne bloß Opfer, Alter, Digger und Schwör? @sechsdreinuller

---

Sitze im Bus. Um mich herum fleißige Schüler. Sie üben die Personalpronomen, vermute ich. »Ich so. Du so. Er so. Wir so. Ihr so. Sie so.« @akkordeonistin

---

»Ich glaub, ich hab mich irgendwie verfahren.«
»Wo bist Du denn gerade?«
»Im Auto.« @_ungenau_

»Ich hätte gerne noch etwas länger in dem Laden gestöbert.«
Ich hätte gerne ein Rudel Kampfotter. Wir haben alle unser Päckchen zu tragen. @jesscuster

---

»Die Liebe unter den Menschen spürt man um die Weihnachtszeit besonders stark.«
»HALT'S MAUL!« @namenlos4

»Entschuldigung. Darf ich mal durch?«
»NEIN!«
Auf Weihnachtsmärkten spürt man diese Liebe echt an jeder Ecke. @DrWaumiau

---

Ich laufe winkend auf den Busfahrer zu. Dieser winkt zurück und fährt los. Vom Prinzip her genau das, was passiert, wenn ich flirte. @_ungenau_

»Alter habe ich Hunger. Hast du was zu essen dabei?«
Aber natürlich, ich trage immer ein Notfallschnitzel im linken Schuh. Ketchup dazu? @jesscuster

---

Ich würde meine Masseurin nicht als ruppig bezeichnen, aber bei einer Straßenschlägerei hätte ich sie gerne auf meiner Seite. @Pokerbeats

---

Feiern heißt in meiner Gegend, im Club stehen und böse gucken. @t5a

---

Es gibt so viele Nachbarn auf der Welt. Aber über mir ziehen immer die ein, die eine nachtaktive Waschmaschine als Haustier haben. @_ungenau_

Wenn du jemanden wirklich kennenlernen willst, dann beobachte ihn dabei, wie er die Nutella-Goldfolie vom Glas abfummelt. @DrWaumiau

---

Fremder Opi erzählt mir, er würde den Bus nur nehmen, weil ihm beim Laufen die Hose rutscht. Ich antworte müde: Geht mir genauso, Bro. @t5a

---

Also jetzt reicht's. Ich gehe runter und bitte die blöden Nachbarn, lauter zu streiten. Immer nuscheln sie an den spannenden Stellen. @MaoriHH

Muttertag – Und die ersten grölenden Mütter laufen saufend, den Bollerwagen hinter sich herziehend, durch den Ort. @sechsdreinuller

---

Manche haben nichts zu essen. Manche haben keine farblich passenden Kopfhörer zu ihrem Outfit. @Wassagtihrdazu

---

Wenn du das nächste Mal ein Selfie schießt, nimm bitte eine Pistole. @gallenbitter

---

Langsam glaube ich, das ist gar keine Weihnachtsmann-Fassaden-Deko, sondern Herr Müller von gegenüber, der sich im roten Pyjama erhängt hat. @der_handwerk

---

Und was, wenn diese Hipster ihre Hosen auch hassen, sie aber nicht mehr ausziehen können? @prunio

---

»Es könnte wieder lauter werden.«
»Hoffentlich erstickt ihr an euren Matedrinks und brennt im vierten Höllenkreis.«
»Was?«
»Kein Ding!« @jesscuster

Ihr lauscht doch auch mit dem Ohr an der Wohnungstür, ob ein Nachbar im Treppenhaus ist, bevor ihr die Wohnung verlasst, oder? @Pokerbeats

---

Anrufer, die fragen »Störe ich Sie gerade?«, reagieren irritiert, wenn man sagt: »Der Zeitpunkt hat damit nichts zu tun!« @Schlachtzeile

---

Bis zu welchen Alter ist »Ich darf nicht mit Fremden sprechen« eine akzeptable Ausrede? @Pfefferine

---

Ich trage meine Kopfhörer nicht, damit die Musik laut ist, sondern damit die dummen Menschen leise sind. @t5a

---

Ich mag authentische Menschen. Die kann man für das hassen, was sie wirklich sind. @RitaKasino

---

Ich kann total gut Mitmenschen umgehen.
@der_handwerk

Geld macht nicht glücklich. Aber man könnte damit sehr viel Land um sich herum kaufen, das niemand betreten darf. @MaoriHH

Wisst ihr, wen ich nicht mag? Diese total sympathischen, immer lächelnden Menschen, die man unmöglich nicht mögen kann. Die mag ich nicht. @jesscuster

---

Das Wasser, das sich unten im Klobürstenhalter sammelt, schenke ich gern meinen Gästen ein, die auf die Getränkefrage mit »Egal!« antworten. @sechsdreinuller

---

Meinen überdurchschnittlichen Intelligenzquotienten verdanke ich den vielen Deppen. @gallenbitter

Menschen, die sagen »Das Leben ist kein Spiel« ohrfeigen und sagen: »Hab dich, du bist!« @t5a

---

Wenn ich den öffentlichen Nahverkehr benutzen muss, werde ich immer etwas religiös und begreife die anderen Menschen als schwere Prüfung. @HausOhneFenster

---

Menschen, die mich fragen »Und, was geht ab?«, male ich ein großes L auf die Stirn und sage: »Schwarzer Edding schon mal nicht!« @sechsdreinuller

---

»Rauchen fügt den Menschen in Ihrer Umgebung erheblichen Schaden zu.«
Sollten die da nicht irgendwas Negatives draufschreiben? @HausOhneFenster

---

Ich glaube an das Gute im Menschen.
Wie so 'n Organhändler. @DrWaumiau

Nicht auszumalen, wie viel man kommunizieren müsste, wenn es keine Kopfhörer gäbe. @t5a

---

Niemand muss mich lieben. Es genügt vollkommen, mir nicht auf die Nerven zu gehen. @gallenbitter

Menschen. Super anstrengend. @Pokerbeats

Die Evolution ist erst dann positiv verlaufen, wenn das Gehirn »Ich habe keine Ahnung« und »Ich halte den Mund« sinnvoll verknüpfen kann. @Schlachtzeile

---

Von den Machern von »Margarine mit Butteranteil«:
– Cola light mit Zuckeranteil
– Tofu mit Mettanteil
– Gesellschaft mit Hirnanteil @nutellagangbang

Bei manchen Menschen würde eine Enthauptung den IQ steigern. @Biobratwurst

---

Nur weil jemand Scheiße baut, heißt das noch lange nicht, dass er ein schlechter Mensch ist. Vielleicht ist er einfach nur strunzdumm. @DrWaumiau

---

Wer um sieben Uhr Blickkontakt sucht, sucht Streit. @t5a

Sei immer du selbst! Es sei denn, du bist ein Arschloch. Dann lass es sein. @eingenickt

---

Manchmal ist es einfacher an Einhörner zu glauben, als an das Gute im Menschen. @s_ill_e

---

Natürlich sieht der, der hinterm Rücken über Andere redet, nur Ärsche. @nutellagangbang

---

Viele wünschen sich übermenschliche Fähigkeiten.
Sie sollten es mal mit Menschlichkeit probieren.
Eine der seltensten Superkräfte der Welt. @Biobratwurst

Ich verstehe uns Menschen nicht …
- Milch mit weniger Fett
- Cola mit weniger Zucker
- Brot mit weniger Gluten
- Leben mit weniger Liebe @Wassagtihrdazu

Das war gar kein so schlechter Hochzeits-DJ heute!
Er war stets bemüht, freundlich und professionell auf meine Beschimpfungen zu reagieren. @der_handwerk

---

Was mich nicht umbringt, ruft dann aber garantiert abends noch mal an oder schreibt SMS. @_ungenau_

Supermarkt-Spezial

Mutter ist süchtig nach Sammelpunkten. Kurz vor einem Asteroideneinschlag würde sie noch alle Punkte einlösen, damit diese nicht verfallen. @MaoriHH

»Treuepunkte?«
»Nein.«
»Sammelbilder?«
»Nein.«
»Kassenbon?«
»Nein.«
»HELGA, WIR HABEN HIER EINEN QUERULANTEN!«
@GebbiGibson

Das Verhalten von Menschen in Supermarktschlangen wird irgendwann mein sicherer Weg in die Untersuchungshaft. @jesscuster

---

Die Frau mit dem chinesischen Symbol für innere Gelassenheit im Nacken droht, den Laden anzuzünden, wenn keine zweite Kasse aufgemacht wird. @GebbiGibson

---

Kein Auto auf der Welt beschleunigt schneller,
als ein Rentner auf den letzten Metern vor der Kasse.
@se7enben

Feiertage erkenne ich nur an der 4-stündigen Wartezeit am Vortag an der Supermarktkasse. @Wassagtihrdazu

---

Sich in der Kassenschlange neue Freunde suchen, weil man offenbar dort den Silvester verbringen wird. @prunio

---

Eigentlich mache ich nur Sport, um mich im Supermarkt gegen Rentner durchsetzen zu können, wenn eine zweite Kasse aufgemacht wird. @Pokerbeats

---

Ich war kurz im Supermarkt und jetzt habe ich eine riesen Lücke im Lebenslauf. @prunio

---

Leute vor einem an der Kasse, die panisch 'nen Trenner hinter ihre Ware legen, gucken so lustig, wenn man hektisch noch 5 Trenner hinzulegt. @Schlachtzeile

---

Eines Tages werde ich sagen, ja, bitte, geben Sie mir so eine Kundenkarte, und mir damit die Pulsadern aufschlitzen. Direkt an der Kasse. @gallenbitter

---

Morgen bringe ich den gesamten Pfand weg und fange irgendwo ein neues Leben an. @eingenickt

»Auf zu Zorn, auf zu Verderben und blutig Morden!« »Vergiss nicht die Pfandflaschen mitzunehmen, wenn du einkaufen gehst.« @DrWaumiau

---

»Den Markt dominieren« klingt besser als »sich an der Kasse vordrängeln«. @Pokerbeats

---

Jemand hat 2 Warentrenner zwischen meinen und seinen Einkauf gelegt und das ist so ziemlich das Deutscheste, was ich je erlebt hab. @nutellagangbang

---

Manchmal tausche ich im Supermarkt mit fremden Männern die Einkaufswagen. Der Inhalt bleibt ja gleich. @t5a

---

Könnte beim Einkaufstüten einpacken im Supermarkt nicht die Tetris-Melodie laufen? @eingenickt

---

Ich bin so was wie ein Talent-Scout für langsame Kassiererinnen. @Pokerbeats

---

»Schatz? Wir nehmen die Kasse mit der längeren Schlange.«
»Hä? Warum das denn!?«
»Muss gut sein, hat mehr Follower.« @se7enben

Die REWE-Verkäuferin, die mich an der Obsttheke ermahnte, ich solle das »Von-hinten-Nehmen« lassen, bemerkt gerade ihren Fauxpas. Ein Traum! @Schlachtzeile

---

Ich mag das ungeschriebene Gesetz, dass man Leuten, die einem mit ihrem Einkaufswagen in die Hacken fahren, den Wagen einfach umkippen darf. @Pokerbeats

---

Beim Süßigkeitenkauf im Supermarkt unbedingt Blickkontakt zu quengelnden Kindern aufbauen. @nutellagangbang

---

Immer, wenn das Kind an der Kasse durchdreht, denke ich, dass das Internet das Erlebnis Einzelhandel nie vollständig ersetzen können wird. @GebbiGibson

---

#IhrKenntDas

Umso gemütlicher du im Bett liegst, desto dringender musst du pinkeln. – Konfuzius @_ungenau_

Unfälle mit dem Spannbettlaken, nasse Füße beim Geschirrspüler-Ausräumen, so lange nach einer Serie suchen, bis es Zeit ist, ins Bett zu gehen. Ihr kennt das …

Ich bin übrigens der Typ, der zielsicher die Dinge kauft, die eine Woche später im Sonderangebot sind. @MaoriHH

Dass, sobald man sich einen ganzen Prinzenrollen-Keks in den Mund stopft, das Telefon läutet, ist auch eines dieser unnützen Naturgesetze. @gallenbitter

---

Da willste raus in die Sonne, da kriegste die Couch nicht durch die Tür. @s_ill_e

---

Thymian und Salbei gekauft, um sie in der Ferienwohnung stehen zu lassen, damit die nächsten Mieter beeindruckt denken, wir könnten kochen. @GebbiGibson

---

Bevor ich die Spülmaschine ausräume, kippe ich mir erst mal Wasser über die Socken, damit ich mich nicht aufregen muss. @der_handwerk

---

Es erfordert Zielsicherheit, beim Abspülen jedes Mal einen Löffel mit dem Wasserstrahl zu treffen und von Kopf bis Fuß nass zu werden. @Pokerbeats

---

Irgendwann steht in einem Kochrezept »zuletzt leicht anbrennen lassen«. Das wird meine große Stunde. @akkordeonistin

---

Wenn ich »Davon habe ich schon mal gehört« sage, bedeutet es zu 90%, dass ich keinen Schimmer habe, um was es geht. @eingenickt

---

Hoffentlich weiß die Tablette, dass ich Fußschmerzen hab und keine Migräne. @Pfefferine

---

Ich war ein fröhlicher, ausgeglichener und friedfertiger Mensch … BIS ICH VERSUCHTE DIE VERFICKTE FRISCHHALTEFOLIE VON DER ROLLE ZU KRIEGEN! @s_ill_e

---

Egal, wie cool du bist: Wenn du versuchst, ein Spannbetttuch ordentlich zusammenzulegen, dann RASTEST DU AUS! STIRB, ELENDES SPANNBETTTUCH!!! @sechsdreinuller

---

Wenn ich unsicher bin, ob ein Lebensmittel noch genießbar ist, lasse ich es zur Sicherheit noch ein paar Tage liegen, bis ich sicher bin. @akkordeonistin

---

Egal, wie alt du bist, wenn du auf die Mobilbox sprechen musst, artikulierst du dich wie ein Vollidiot. @RitaKasino

---

Habt ihr auch diese eine Schublade, in der ihr leere Batterien vor dem Entsorgen einfach noch mal 2–3 Jahre zwischenlagert? @t5a

---

Alles was ich über Jonglieren weiß, habe ich durch heiße Frühstücksbrötchen gelernt. @Pokerbeats

---

Rund 26 Tage meines Lebens werde ich mit Kleidungsstücken an Türklinken festgehangen haben. @MaoriHH

Lieber Vogel im Innenhof, es ist 05:18 Uhr. Ich bin mir relativ sicher, DASS DER VERDAMMTE WURM NOCH NICHT EINMAL WACH IST. @jesscuster

---

Bett frisch beziehen. Chips im Bett essen. Bett frisch beziehen. @Wassagtihrdazu

---

Noch 2 Gläser Wein bis »ICH LIEBE EUCH ALLE!« @s_ill_e

Mücke gehört. Licht gemacht. Mücke sofort gesehen, ein Schlag, getroffen, Mücke tot. Liege nun seit einer Stunde völlig euphorisiert wach. @der_handwerk

---

Alles, was ich über Tätowierungen weiß, habe ich dadurch gelernt, dass ich falsch herum gehaltene Kugelschreiber klicken wollte. @Pokerbeats

---

Spaziergänger, die einen einholen und dann doch nicht überholen. Dann geht man so nebeneinander her und kann nicht weg. @akkordeonistin

---

Wer denkt, er sei nicht gewalttätig, dem ist noch nie was im Snackautomaten hängen geblieben. @prunio

---

»Soll ich ihnen die Kopfhörer einpacken?«
»Nein, danke, ich möchte sie gleich hier verknoten.«
@eingenickt

Ich war durstig einkaufen.
Um es kurz zu machen: Mir gehört jetzt ein Getränkemarkt. @Pokerbeats

---

Wenn ich schlecht gelaunt bin, stelle ich mir vor, wie Wolverine versucht den Strohhalm in seine Capri Sonne zu stecken. @sechsdreinuller

---

Denken ist schon 'ne ulkige Sache. Man denkt und denkt und denkt und dann ganz plötzlich aus heiterem Himmel BÄM! »EYYYYYYYY MACARENA!« @DrWaumiau

---

Ich bin heute so emsig wie ein Bienchen.
Eine große Biene.
Eine große, faule Biene.
Eine Hummel.
Im Winter.
Ohne Flügel.
@sechsdreinuller

Notiz an mich: Wenn man sich am Mittwoch betrinkt, wird der Donnerstag nicht automatisch zu einem Sonntag. @MaoriHH

Früh Aufzustehen hat viele Vorteile, die ich nicht kenne. @gallenbitter

---

Die imaginäre Liste mit Menschen, denen man im Falle einer Zombieapokalypse umgehend den Gnadenschuss gibt. Egal, ob infiziert oder nicht. @jesscuster

Eine meiner Stärken ist es, mich online bei irgendetwas neu zu registrieren und sofort wieder das Passwort zu vergessen. @Pokerbeats

---

Morgens fünf Wetter-Apps vergleichen und sich für die pessimistischste entscheiden, damit man *leider* das Auto statt des Rades nehmen muss. @GebbiGibson

---

Besser den Sandwichtoaster mit aller Kraft zudrücken, weil man den Toast so dick belegt hat, als gar kein Sport. @Pokerbeats

---

Heute ist wieder einmal einer dieser Tage, an denen es schon dunkel ist, bevor ich mich entscheiden konnte, was ich machen soll. @akkordeonistin

---

Meine Top 3 der »AUF'S MAUL?!«-Kommentare:
1. Rauch nicht so viel.
2. Trink nicht so viel Kaffee.
3. Leg doch mal das Handy weg. @s_ill_e

Krone der Schöpfung!
Wer noch nie die Tiefkühlpizza-Packung aus dem Müll geholt und die Backzeit nachgelesen hat, werfe den ersten Stein. @Pokerbeats

»Hier bitte lesbar unterschreiben.«
»Wattn jetz? Ich kann lesbar oder unterschreiben.« @t5a

Wenn du denkst, dass du ein friedliebender Mensch bist, dann ist dir noch niemand auf deine nagelneuen weißen Sneaker getreten! @sechsdreinuller

---

Suche: Wochenende. Biete: Montag, Dienstag, Mittwoch, Donnerstag und Freitag. Gerne auch im Paket abzugeben. @Wassagtihrdazu

---

Ich habe mir beim Niesen den Rücken verrissen und bin manchmal einfach froh, dass niemand über uns in der Nahrungskette steht. @Pokerbeats

---

Ich habe besonderes Talent für diese Kettenreaktionen, bei denen eine Zahnbürste runterfällt und am Ende das ganze Viertel in Flammen steht. @Biobratwurst

---

Egal, wie alt und cool du bist… Kriegste die Plastiktüte in der Obstabteilung nicht auseinandergefrickelt, kriegste ´n hysterischen Anfall. @s_ill_e

---

Ich habe mir eben beim Abziehen des Spannleinentuchs selbst mit der Faust ins Gesicht geschlagen. Heute gebe ich mein Abi zurück. @RitaKasino

---

Mein stolzester Moment heute war vermutlich, als ich zurückwinkte, nicht gemeint war und dann so tat, als würde ich eine Fliege verscheuchen. @jesscuster

---

Ich brauche morgens immer eine Stunde, bis ich das Haus verlasse. 45 Minuten, um nichts zu tun, und 15 hektische Minuten für den Rest. @akkordeonistin

---

Dieser wunderbare Moment nach einem langen Tag, wenn du mit einem Glas Rotwein entspannt auf der Couch sitzt, kurz bevor du es umwirfst. @der_handwerk

---

Jetzt beginnt wieder die Zeit, in der man dank Energiesparlampe im Bad erst im Büro sieht, wie scheiße man aussieht. @s_ill_e

---

Betrunken bist du, wenn du auf dem Heimweg vom Fahrrad fällst, obwohl du schiebst. @nutellagangbang

---

Egal, wie alt du bist: Wenn du Essstäbchen in der Hand hältst
a) imitierst du ein Walross.
b) spielst du Luftschlagzeug.
c) EXPELLIARMUS!!! @sechsdreinuller

Immer die schwere Entscheidung am Morgen:
Scheibe freikratzen oder einschlagen. @t5a

»Kann ich was in der Küche helfen?« sagen.
»Hoffentlich kann ich auf der Couch liegen bleiben!« denken. @Pokerbeats

---

Ich weiß ja nie, was man nach »fühle dich wie zu Hause« von mir erwartet. Soll ich das Toupet abnehmen und an den Garderobenständer hängen? @jesscuster

---

Hier im Zug hat einer meinen Weckton als Klingelton.
Hab ihn aus Reflex gleich gehauen. @prunio

Pizza in den Ofen. Gas aufdrehen. Minutenlang mit einem kaputten Feuerzeug herumhantieren. Künstliche Augenbrauen googeln.
Sie kennen das. @DrWaumiau

Hätte ich keine Handknöchel, ich wüsste nie, welcher Monat wie viele Tage hat. @Pokerbeats

---

Manchmal wäre ich gerne genau so souverän, wie ich mir Erwachsene als Kind vorgestellt habe. @RitaKasino

---

Dieser eine Moment, wenn man den Pullover nicht über den Kopf kriegt und denkt: »Eigentlich ganz schön hier. Warm, dunkel und friedlich.« @jesscuster

---

Abends suche ich oft stundenlang bei netflix herum, was ich jetzt schauen könnte, und dann gehe ich ins Bett. @GebbiGibson

---

Noch rasch ein Foto machen vom ausgeschalteten Herd, damit man dann nicht extra aus dem Urlaub zurückkehren muss, um nachzusehen. @akkordeonistin

---

Ihr nehmt doch auch Beruhigungspillen, bevor Ihr versucht Spannbettlaken zusammenzulegen, oder? ODER? @s_ill_e

---

Portemonnaie verlieren und denken: »Scheiße, die Dönerbonuskarte!« @nutellagangbang

Egal, wie alt oder cool du bist: Wenn »Bohemian Rhapsody« läuft, singst du mit. Laut. Inklusive Headbangen. Egal, wo du gerade bist. @sechsdreinuller

---

Natürlich denke ich über jede Entscheidung im Leben zweimal gründlich nach:
1. »Geil, das mache ich!«
2. »Scheiße, war das bescheuert!« @Regendelfin

Ich kann voll super 10 Minuten auf meinem Handy rumdrücken, es dann wegstecken und sofort wieder rausholen, um zu gucken, wie spät es ist. @Pokerbeats

---

Einmal einen Eierbecher unter dem Wasserhahn spülen, ohne die ganze Küche danach abtrocknen zu müssen. Eeeinmal nur! @t5a

---

Ich bin erstaunlich selbstgerecht für jemanden, der sich regelmäßig beim Anziehen seiner Socken fast auf die Fresse legt. @jesscuster

---

Ich mag es nicht, wenn ich eine Vermutung nicht ausspreche, sie sich bewahrheitet und ich nie mehr beweisen kann, dass ich es gewusst hätte. @akkordeonistin

---

»Apfel?«
»Nein.«
»Echt nicht?«
»Nein.«
»Sind aber lecker.«
»Nein, danke!«
»Na, ich leg dir mal einen hin.«
Ich lebe in einem Loriot-Sketch. @GebbiGibson

Ausschlafen ist wie Sex.
Wenn man nicht kann, will man.
Wenn man will, kann man nicht.
Sie kennen das. @DrWaumiau

In Lebensgefahr begeben, damit das Leben noch mal an einem vorbeizieht und man vielleicht sieht, wo man den Wohnungsschlüssel hingelegt hat. @Pokerbeats

---

Egal, wie alt du bist: Wenn du im Kinderzimmer vor einer Spielzeugkasse sitzt, rufst du »BETTINA, WAT KOSTEN DIE KONDOME?« ins Mikro. @sechsdreinuller

---

Egal, wie ruhig deine Wohngegend ist: Wenn du auf ein Paket wartest, halten vor deinem Haus alle 5 Minuten irgendwelche Transporter. @s_ill_e

---

Ich wollte zum Aufräumen gerne passende Musik hören, fand keine, stöberte im Internet, und dann war es zum Aufräumen auch schon zu spät. @akkordeonistin

---

»So geht der frühe Vogel, der frühe Vogel der geht so.«
»SO GIBT'S AUF DIE FRESSE! AUF DIE FRESSE GIBT ES SO!« @Regendelfin

---

Bier.
Bier.
Bier.
Bier.
Bier.
Bier.
Bier.
Bier.
Toilette.
Bier.
Toilette.
Bier.
Toilette.
Bier.
Toilette.
Bier.
Toilette. @gallenbitter

Retrospektiv gesehen war dieser Monat eine ziemliche Verschwendung von frischer Unterwäsche. @jesscuster

---

Mein Leben ist klar strukturiert.
10% Essen
10% Schlafen
10% Arbeiten
70% Dinge suchen, die ich gerade kurz verlegt habe
@_ungenau_

Egal, wie alt du bist, guckt dir jemand, den du attraktiv findest in die Augen, machst du automatisch dein dümmstes Gesicht. @RitaKasino

---

Ich hatte mir so schöne Worte zurechtgelegt, aber dann passten sie gar nicht in unser Gespräch. @akkordeonistin

---

Und immer diese Angst, dass man als Sexbombe nicht durch die Sicherheitskontrolle kommt. @s_ill_e

---

Seit dem elften Glühwein zieht mein Schuh etwas nach rechts. @prunio

---

Meine Ersparnisse für Notfälle beschränken sich derzeit auf die zwei Euro, die so blöd unter dem Schrank liegen, dass ich nicht rankomme. @jesscuster

---

Champignonbaguettes 15–17 Min. goldgelb backen, beim ersten Bissen den Gaumen verbrennen, 5 Min. fluchen, anschließend eiskalt genießen. @nutellagangbang

---

Die Autokorrektur und ich, wir werden in diesem Leben keine Freitag mehr. @_ungenau_

Warum wird eigentlich immer ein Tier operiert, wenn ich den Fernseher zum Essen einschalte? @Pokerbeats

---

Mit beiden Beinen durch dasselbe Bein der Boxershorts steigen und sich erst mal längs aufs Maul packen. Moin! @t5a

---

»Was machst du da?«
»Ich kämpfe mit meinem inneren Schweinehund.«
»Du liegst reglos auf der Couch.«
»WEISST DU, WIE SCHWER DER IST?« @s_ill_e

Egal, wie erwachsen du bist, wenn jemand versucht etwas zusammenzuzählen, rufst du laut andere Zahlen dazwischen. @Pokerbeats

---

Alles, was ich über Schimpfwörter weiß,
habe ich beim Autofahren gelernt. @s_ill_e

Ich wäre mit dem Jahr dann so weit schon fertig. Kann ich einfach abgeben und draußen warten? @_ungenau_

Ich mache zwar wenige Fortschritte im Leben, aber dafür mache ich wirklich schöne Fehler. @jesscuster

---

Dann verliebst du dich in einen Teppich, zu dem die Farbe des Sofas und im Grunde genommen die ganze Wohnung nicht mehr passt. @akkordeonistin

---

Ofen geöffnet.
Brille beschlagen.
Knie an Ofenklappe gestoßen.
Finger an heißen Brötchen verbrannt.
Komme mir vor wie bei Final Destination. @Pokerbeats

Es geht doch nichts über das geile Gefühl, endlich etwas hinter sich gebracht zu haben, wovor einem schon seit Wochen graute. @s_ill_e

---

Kommilitonen forschen für ihre Promotion, ich suche seit zehn Minuten den Nacho, der stabil genug ist, um den Käse-Dip zu halten. @jesscuster

---

Es ist nie zu spät, um müde zu sein. @DrWaumiau

Ich lag als Baby schon gerne rum. @eingenickt

Ich gammel schon zwei Tage faul rum. Noch zwei weitere Tage und ich habe die Stelle in der Postfiliale. @sechsdreinuller

---

Will nicht sagen, dass ich antriebslos bin, aber selbst mein Windowsrechner ist heute schneller hochgefahren als ich. @s_ill_e

---

»Hallo, mir gefällt dieser Pullover. Gibt es das Modell auch mit längeren Ärmeln, damit man heiße Teller aus der Mikrowelle nehmen kann?« @Pokerbeats

---

Ich würde nicht sagen, dass ich extrem langsam bin, aber wenn ich ein jüdischer Superheld wäre, dann wäre ich »Super Shlomo«. @sechsdreinuller

Ich habe mich in 7 Tagen nur 50 Meter bewegt.
Wie ein Paket bei Hermes. @se7enben

Mir ist kalt und ich bin voll mit Lebensmitteln.
Ich bin ein Kühlschrank. @eingenickt

Koalas und Löwen verschlafen fast ihr ganzes Leben.
Aber ich musste ja Mensch werden. @RitaKasino

Ich würde nicht behaupten, dass ich müde bin, aber als ich eben gegähnt habe, wollte ein Smart reinparken.
@MaoriHH

Alles, was ich vor meinem ersten Kaffee erledige, könnte auch von einem gut trainierten Schimpansen erledigt werden. @Pokerbeats

---

Ich bin fit wie ein Turnschuh.
Ein alter Turnschuh.
Ein alter, kaputter Turnschuh.
Ohne Schnürsenkel.
Der in Hundescheiße getreten ist. @sechsdreinuller

Bei einer Zombie-Apokalypse habe ich gute Chancen. So, wie ich unausgeschlafen aussehe, halten die mich für ihren Anführer. @eingenickt

---

Ich bin heute so motiviert, ich könnte glatt vom Bett aufs Sofa wechseln. @s_ill_e

---

Ich habe heute so wenig Lust mit irgendwem zu reden, ich könnte als Verkäuferin bei Saturn anfangen. @Regendelfin

---

»Läuft bei dir.«
»Halt die Schnauze und gib mir ein Taschentuch!«
@DrWaumiau

Ich bin so unentschlossen, als japanischer Krieger wäre ich ein Nunja. @HausOhneFenster

---

Ich bin gerade so müde, ich könnte im Bundestag sitzen. @eingenickt

---

Gäbe es auf dem Weg von meinem Bett zur Couch eine Möglichkeit sich hinzusetzen, dann würde ich morgens noch eine Stunde länger brauchen. @Pokerbeats

Zwischen Gedanke und Tat steht die Couch.
@DrWaumiau

»Weißt du noch letzte Woche …?«
»Alter, ich weiß nicht mal, wer du bist.«
Ich, morgens. @t5a

Darf ich euch einander vorstellen? Ja? Bier, das ist Beschissener Tag. Beschissener Tag, das ist Bier.
@Wassagtihrdazu

Ich will nicht sagen, dass ich furchtbar aussehe,
aber ich habe heute Ähnlichkeit mit meinem Passfoto.
@RitaKasino

Ich bin sauer, traurig, müde und hungrig. In mir wohnt eine ganze Daily Soap. @eingenickt

---

Bis zum ersten Kaffee orientiere ich mich in meiner Wohnung immer durch Schreie, Schall und Echo. @Pokerbeats

---

Heute wollte ich seit Langem mal wieder eine Frau ansprechen. Leider ist bis jetzt keine an meinem Sofa vorbeigekommen. @Biobratwurst

»Wollen wir noch was unternehmen heute?«
»Rumliegen?«
»Ich dachte eher so an draußen.«
»Draußen rumliegen?« @_ungenau_

Ich wurde an einem Freitag geboren. Mein erster Gedanke war: Endlich Wochenende! @eingenickt

---

Morgens bewege ich mich ja immer so grazil wie eine Gazelle. Kurz nach der Geburt. Auf Glatteis. Während eines Erdbebens. @RitaKasino

---

Ich schaue Spiderman, der seine Fähigkeiten durch den Biss einer Spinne bekommen hat.
Suche meinen Körper nach Bissen von einem Faultier ab.
@Pokerbeats

Wäre ich doch bloß früher ins Bett gegangen.
Ende August oder so. @DrWaumiau

Nicht mein
1. Tag
2. Monat
3. Jahr
4. Planet
5. Sonnensystem ©Wassagtihrdazu

Ich bin heute so müde. Ich brauche wohl ein Ladekabel @hf_sports

---

Mein Bett ist ein Transformer und verwandelt sich jeden Morgen, 2 Minuten bevor ich aufstehen muss, in ein noch bequemeres Bett. @Pokerbeats

---

Da haste mal richtig schlechte Laune und dann ist da weit und breit kein Bus, den du lenken kannst. @RitaKasino

---

Mein kleines »5-Minuten-Schläfchen« dauert in der Regel 2 Stunden. @eingenickt

---

Einfach mal liegen bleiben. Wie so 'ne Rechnung. @MaoriHH

Meine Laune ist gerade im Keller.
Hoffe, sie bringt mir ein Bier mit @Wassagtihrdazu

Aufstehen und ins Bett gehen ist für mich fast das Gleiche. In beiden Fällen denke ich: »Scheiße, schon so spät.« @Biobratwurst

Vielleicht ist mein größtes Problem auch, dass ich eigentlich vor dem ersten Kaffee nicht fähig bin, mir Kaffee zu machen. @Pokerbeats

---

Jetzt neu zum Mitnehmen und nur für kurze Zeit: der Tag im Eimer. @nutellagangbang

---

Wenn ich ein Superschurke wäre, dann hieße ich »Lethargo«. @sechsdreinuller

---

Mittags lege ich mich gerne mal für acht, neun Stunden hin. @HausOhneFenster

---

Braucht den heutigen Tag noch jemand oder kann der weg? @s_ill_e

---

Gerade den Boden der Tatsachen mit Naivität gewischt. Jetzt geht es wieder. @Wassagtihrdazu

---

Ich würde mich nicht als übermüdet bezeichnen, aber ich stehe mit dem Müll bei der Post und ahne, wo ich mein Paket eingeworfen habe. @Pokerbeats

---

Ich will ausgehen!
Ich will ausgehen!
Ich will ausgehen!
Ich will ausgehen!
Oh, eine Verabredung!
Ich bin müde.
Ich bin müde.
Ich bin müde. @GebbiGibson

Ich weine nicht, ich entsafte meine Gefühle.
@Biobratwurst

Ich war schon Pessimist, als die Welt noch gut war.
@gallenbitter

Ich hätte gerne einen Stuntman, der mich morgens beim Aufstehen doubelt. @_ungenau_

»Entschuldigung? Sie halten Ihr Kind ja auf dem Arm und ich bin sehr müde. Könnte ich mich, bis der Bus kommt, in den Kinderwagen legen?« @Pokerbeats

---

Meistens realisiere ich erst Stunden später, dass ich eigentlich wach bin. @eingenickt

---

Erkenntnisse-Spezial

Es wurde schon alles gesagt,
nur noch nicht von allen verstanden. @akkordeonistin

Das Leben ist kein Connibuch. @der_handwerk

Manchmal ist es das Klügste, Gedanken zurück ins Egal zu stellen. @eingenickt

---

Man muss sich auch über die einfachen Dinge im Leben aufregen können. @namenlos4

Leider verwechseln viele ja »ehrlich« mit »um jeden Preis verletzend« sein. @s_ill_e

---

Wenn du etwas liebst, lass es frei. Will es nicht gehen, dann schmeiß es raus. @_ungenau_

Je intelligenter du bist, desto besser stehen deine Chancen an dieser Welt zu Grunde zu gehen. @t5a

---

Für ein hässliches Äußeres gibt's Photoshop.
Für ein hässliches Inneres gibt's nichts. @Wassagtihrdazu

Das Leben ist ein Berg von Enttäuschungen, den man in Brand stecken muss, wenn man nicht daran zugrunde gehen will. @DrWaumiau

---

Ein Stück Schokolade, ein Schluck Rotwein und die Welt sieht auch nicht anders aus. Es macht einem aber kurz ein bisschen weniger. @Pokerbeats

---

Wenn man zu lange ein Problem umkreist, entsteht eine Rinne, da kommt man fast nicht mehr raus. @akkordeonistin

---

Es wäre schön, wenn nicht immer erst jemand sterben müsste, damit uns allen bewusst wird, dass man das Schöne nicht immer vertagen sollte. @s_ill_e

---

Das Schöne an Problemen: Sie sind immer für dich da. @emoprunio

---

Der Pessimist sagt: »Es geht bergab.«
Der Optimist sagt: »Huuuuuiiiiiii!« @sechsdreinuller

Schlimm, wenn man den Boden unter den Füßen verliert. Schön, wenn man dann feststellt, dass man fliegen kann. @s_ill_e

---

Bloß nicht wen ans Herz wachsen lassen. Kriegt man ganz schwer wieder ab. @HausOhneFenster

---

Neid ist die Erkenntnis, etwas selbst nicht geschafft zu haben. @Wassagtihrdazu

---

Jedes »für immer« beginnt mit einem »vielleicht«. @DrWaumiau

Ich wünsche mir kein Happy End.
Ich will tausend Anfänge. @akkordeonistin

Meistens ist es ja das »Müssen«,
das das »Wollen« kaputtmacht. @s_ill_e

Klar ist das Leben manchmal wie ein schlechter Film, aber he!, Hauptrolle! @HausOhneFenster

---

So'n Ponyhof ist aber auch kein Wunschkonzert.
@HausOhneFenster

Seelische Wunden bilden auch Schorf. Er heißt Zynismus.
@nutellagangbang

Manchmal wünschte ich mir, weniger gut erzogen zu sein.
@s_ill_e

Lebe jeden Tag als wärst du das Letzte. @emoprunio

Der Tag bringt nichts, vom Tag muß man sich etwas nehmen. @HausOhneFenster

---

»Herzensmensch« klingt wesentlich schöner als »Kardiologe«. @Pokerbeats

---

Das Leben ist zu kurz um sich ständig zu fragen, was die Anderen von einem halten. @s_ill_e

---

»Deine Mudder!« – Sigmund Freud. @nutellagangbang

#Arbeit

Das einzige, was wir hier in der Firma sauber abwickeln, sind die Klopapierrollen. @Wassagtihrdazu

Zwischen harter Arbeit und Eichhörnchen-Beobachten.
Über Kollegen und Praktikanten. Wenn die Pflicht ruft …

Der neue Bürostuhl sollte meine Produktivität steigern. Stattdessen versuche ich seit 3 Stunden, die perfekte Höhe einzustellen. @MaoriHH

Wenn ich Überstunden mache, formt der Chef mit seinen Händen immer ein L für Lieblingsmitarbeiter vor seiner Stirn @hf_sports

---

»Holen Sie mir einen Kaffee!«
»Sehr gerne, Chef, wenn Sie das Zauberwort sagen!«
»Hartz IV?«
»Der Kaffee kommt sofort!« @RitaKasino

Kennt ihr diesen Typen, der zu JEDEM verfickten Tagesordnungspunkt eine »kurze Verständnisfrage« hat? Der ist hier. Ich eskaliere gleich. @jesscuster

---

»Sind Sie motiviert für den Tag?«
»Sehen Sie das kotzende Einhorn da hinten?«
»Wollen Sie mich verarschen?«
»Wer hat denn angefangen, Chef?« @s_ill_e

Man plant Videotelefonie innerhalb der Firma. Ich beantrage einen überdimensionalen Ledersessel und eine weiße Angorakatze für mich. @GebbiGibson

»Milch stelle ich nie zurück in den Kühlschrank. Außer, die Packung ist leer. Dann natürlich schon.«
»Willkommen in der Bürogemeinschaft!« @Pokerbeats

»Können Sie nicht wenigstens mal so tun, als kämen Sie gerne zur Arbeit?«
»ICH WERDE HIER NICHT FÜR'S SCHAUSPIELERN BEZAHLT!« @s_ill_e

Im Büro das letzte Drittel des Brötchens ganz in den Schlund stopfen und beten, dass das Telefon nicht klingelt. Leben am Limit. @der_handwerk

---

Die neue Praktikantin sollte um 8 kommen. Seit 7 ist sie da und strahlt mich an. Ich mag sie nicht. @namenlos4

»Und, hab ich den Job?«
»Wir melden …«
»JA, SCHON KLAR. MIR HAT IHRE SCHEISSFIRMA AUCH NICHT GEFALLEN!«
»… Sie gleich in der Buchhaltung an.« @Schlachtzeile

Der Bürokaffee ist noch warm → Urlaub zu kurz
Alle Passwörter vergessen → Urlaub perfekt
An deinem Platz sitzt ein Fremder → Urlaub zu lang
@sechsdreinuller

Der Montag hat angerufen: Er hat sich unsere Scheißjobs nicht ausgesucht und kann unser »MIMIMI« nicht mehr hören. @s_ill_e

---

Der ewige Krieg findet nicht zwischen Gut und Böse statt, sondern zwischen schwitzenden und frierenden Kollegen. @MaoriHH

Eine schöne deutsche Tradition, dass man nach ein paar freien Tagen im Büro nur noch »der Urlauber« heißt. @GebbiGibson

---

Arbeit. Von führenden Idioten empfohlen. @DrWaumiau

Eine Kollegin fragte, ob ich ihren PC zu Hause reparieren könnte, aber ich bin ja nicht blöd und habe die Sexfalle sofort erkannt. @prunio

---

Da wünscht man sich so oft, die Zeit bliebe stehen, und dann plötzlich an einem gewöhnlichen Vormittag im Büro passiert's. @akkordeonistin

---

Seit die Kollegen gelernt haben, dass ich vor dem ersten Kaffee nicht angesprochen werden will, trinke ich ihn immer erst gegen 17 Uhr. @der_handwerk

---

Der erste Arbeitstag dieses Jahr. So viele fröhliche Gesichter habe ich das letzte Mal in »The Walking Dead« gesehen. @se7enben

---

Im Bürokühlschrank haben die abgelaufenen Joghurts die Band »Uneilig« gegründet, die gerade ihren Hit »Vergoren, um zu leben« intoniert. @Schlachtzeile

---

Hübsch: Die schlanke Kollegin im Büro.
Doof: Sie findet sich ständig zu dick.
Unbezahlbar: Piepen, wenn sie auf dem Bürostuhl rückwärts rollt. @sechsdreinuller

---

»Wir suchen 25-jährige Mitarbeiter mit mindestens 30 Jahren Berufserfahrung!«
Arbeitgeber. Alle. @nutellagangbang

»Hast Du meine Mail bekommen?«
»Die mit dem Arbeitsauftrag?«
»Ja.«
»Nein.« @gallenbitter

»Chef, ich kann heute nicht kommen.«
»Warum?«
»Lokführerstreik.«
»Aber Ihre Bahn fährt doch.«
»JA! ABER DAS IST DOCH TOTAL UNGERECHT!«
@s_ill_e

Ich habe meine Brille zu Hause vergessen.
Um es kurz zu machen: Nach einer Präsentation und zwei Meetings gehe ich jetzt ins richtige Büro. @Pokerbeats

---

Und immer diese Angst, dass mich am Ende eines Meetings keiner wach kriegt. @prunio

---

»Wie nennt man diesen Zustand zwischen müde und wach?«
»Werktag.« @DrWaumiau

Ich will ja nicht sagen, dass ich lustlos bin, aber würde mein Büro brennen, würde ich um das Feuer tanzen …
@s_ill_e

Highlight des Tages: Kollegen, die ihre eigenen Laserpointer in eine fremde Präsentation mitbringen, um gezielter Fragen stellen zu können. @Wassagtihrdazu

Manchmal sitze ich im Büro und denke: ›Krass, ich sitze in einem Büro. Wie so ein richtiger Erwachsener!‹ @GebbiGibson

---

Menschen, die mir bereits am Donnerstag »mit sonnigen Grüßen ein tolles Wochenende« wünschen, versauen mir mindestens bis Montag die Laune. @der_handwerk

---

Was ich aus den zwei Seminartagen mitnehmen konnte? Einen Kugelschreiber. @prunio

---

Ich muss was ganz hinten aus dem Bürokühlschrank nehmen und überlege, welche Impfungen ich vorher machen sollte. @Pokerbeats

---

Wer um zehn Uhr fröhlich ins Büro kommt und »Guten Morgen« säuselt, quietscht auch gern mit Besteck, Tafelkreide und Styroporverpackungen. @DrWaumiau

---

Vielleicht sollten die Haare doch langsam ab. Wurde gerade von der Putzfrau gegossen. @MaoriHH

An der Stechuhr hört dich niemand schreien. @DrWaumiau

»Und wie verhalten Sie sich, wenn bei der Kaffeemaschine der Wassertank leer ist?«
»Ich laufe weg.«
»Willkommen in der Bürogemeinschaft!« @Pokerbeats

»Hat Sie Ihr Magister-Studium gut auf Ihren Job vorbereitet?«
»Unbedingt!«
»Was genau haben Sie studiert?«
»Ouw. Da müsste ich nachsehen.« @der_handwerk

»Wie fanden Sie das Seminar?«
»Letztes Jahr war mal ein Eichhörnchen draußen vor dem Fenster. Das fehlte mir dieses Jahr.« @GebbiGibson

---

»Wie spät ist es?«
»In sechs Wochen gibt's Weihnachtsgeld.« @DrWaumiau

Das Wort »Kollege« kommt aus dem Lateinischen und bedeutet »unfähiger Vollidiot«. @s_ill_e

---

Die zusammensitzenden Vertriebler mit »Na, macht Ihr wieder geil Business?« begrüßen. @GebbiGibson

---

Das Wort »Chef« kommt aus dem Lateinischen und bedeutet »Ich hab zwar keine Ahnung, aber Sie tun gefälligst, was ich sage!«. @s_ill_e

---

Sitze mit 500 Typen und einer Frau an einer Software-Konferenz. Das muss jetzt wohl dieses It-Girl sein. @prunio

---

Beim Chef für einen wundervollen Arbeitstag bedankt. Wohlwollendes Lächeln und ein »gerne« seinerseits. Sarkasmus – nicht seine Stärke. @Wassagtihrdazu

---

Dieser ständige Druck so zu tun, als würde man arbeiten, nur um seinen Job zu behalten, artet ganz schön in Arbeit aus. @DrWaumiau

---

Chef weg, Abteilungsleiter weg, Teamleiter weg. Ich bin fast Ranghöchster im Büro, nur die Zimmerpflanze steht heute noch über mir. @GebbiGibson

---

Wenn Gott gewollt hätte, dass ich mich vollständig auf meine Arbeit konzentriere, hätte er mir im Büro kein Netz gegeben. @s_ill_e

---

Ich kann heute leider nicht zur Arbeit kommen.
Bin leider ans Bett gefesselt.
»Sie sind also krank?«
Nein, pervers. @Wassagtihrdazu

Ich sitze in einem englischsprachigen Meeting und verstehe einfach nicht, was die mir mit Schadap sagen wollen. @prunio

---

Ich bin eine tolle Chefin! Könnt ihr hier jeden fragen. Nur im Moment nicht den weinenden Mann nebenan im Büro. @Pfefferine

---

»Hi, ich bin die neue Kollegin. Du bist Christian, oder?«
»Wer am ersten Tag keinen Kuchen mitbringt, wird die Probezeit nicht schaffen.« @Pokerbeats

---

Ich brauche unbedingt ein Shirt mit dem Aufdruck »Ich weiß, dass ich müde aussehe«. @GebbiGibson

---

Kann es eigentlich sein, dass teambildende Maßnahmen genau deshalb teambildend sind, weil ALLE sie scheiße finden? @nutellagangbang

---

Ca. 80 % meiner Kolleginnen haben ein abgeschlossenes Studium und sind nicht fähig, eine leere Klopapierrolle durch eine neue zu ersetzen. @s_ill_e

---

Auf meiner To-do-Liste: Im Kundenmeeting sagen »Ich hab Cola mit Ihrem Namen drauf besorgt!« und eine Kiste Coke Zero in die Mitte stellen. @Schlachtzeile

---

Um möglichst weltmännisch zu wirken, begrüße ich die Kollegen der internationalen Teams mit »Good Moin«. @t5a

---

Freitag. Der Dienstboteneingang ins Freizeitparadies. @DrWaumiau

---

Chef hat uns beauftragt, hier Bilder an die Wand zu dübeln. Drei diskutieren lebhaft das Arbeitsrecht, einer holt den Erste-Hilfe-Kasten. @GebbiGibson

---

Je besser du deinen Job machst, desto mehr wirst du mit der Arbeit der Anderen zugeschmissen. @s_ill_e

---

Gerade gelernt:
»Bitte in meinem Fach ablegen« sagen und auf den Mülleimer deuten, ist nicht die richtige Reaktion auf einen Arbeitsauftrag. @Pokerbeats

---

»Ich habe ja ein extrem ausgeprägtes Helfersyndrom. Ich brauche immer jemanden, der mir hilft.«
Willkommen im Management! @Wassagtihrdazu

Der neue Praktikant möchte seinen Namen nicht verraten. Oder wie ein Waldorfschüler sagen würde: »Nein, ich tanze nicht!« @se7enben

---

Die Arbeit kann Spuren von Müssen enthalten. @prunio

Die Kollegen haben mich während meines Urlaub sehr schlecht vertreten. Die Eichhörnchen vor dem Fenster fühlen sich total unbeobachtet. @GebbiGibson

---

Ich hasse diesen unangenehmen Moment zwischen Aufstehen und Feierabend. @DrWaumiau

---

Wenn dir morgens in der S-Bahn ein Penner lallend eine Wodka-Flasche entgegenstreckt und du kurz überlegst, dann ist Montag. @Pokerbeats

---

Einlaminieren ist das »Mit-Käse-überbacken«
der Büroangestellten. @Wassagtihrdazu

Chef hat eine enttäuschte Mail an alle im Haus gesendet. Mit traurigem Smiley! Die ersten Kollegen von oben fallen an meinem Fenster vorbei. @GebbiGibson

---

Guten Morgen, Chef. Entschuldigen Sie bitte die Verspätung. Bin heute leider liegen geblieben.
»Auto?«
Nein, Bett. @Wassagtihrdazu

»Sonntags darf ich wie Gott mich schuf ins Büro gehen.«
»Nackt?!?«
»Nein. Schlecht gelaunt!« @Pfefferine

Manche Praktikanten sind wie der Winter. Sie kommen überraschend, verursachen ein Chaos, und wenn sie plötzlich verschwinden, sind alle froh. @Wassagtihrdazu

---

»Ihr Motivationsvolumen für diesen Monat ist aufgebraucht. Sie arbeiten ab sofort im Beamtenmodus.« @s_ill_e

---

Im Großraumbüro ist es manchmal so laut, da hört man noch nicht einmal die Pflicht rufen. @Wassagtihrdazu

---

Wenn ich alle Dinge, die ich machen will, wenn ich mal Zeit habe, noch in diesem Leben schaffen will,
muss ich heute um 15 Uhr in Rente gehen.
@GebbiGibson

Smartphone weggelegt … Arbeit gefunden.
DAS MACHE ICH NIE WIEDER! @s_ill_e

Rechner hochfahren. Alle Programme starten. Windows Update. Rechner runterfahren. Rechner hochfahren … Mein Montag bisher so. @Wassagtihrdazu

---

»Und was willst du mal machen, wenn du groß bist?«
»Irgendwas mit Schlafen.« @s_ill_e

#Privat

Ich führe ein Leben wie Hugh Hefner. Also ohne die Frauen. Und ohne das Geld. Eigentlich trage ich nur oft einen Bademantel. @Pokerbeats

Einfach mal ehrlich sein. Sich Dinge eingestehen. Ein bisschen Selbstreflexion betreiben und das offenbaren, was den meisten ja heilig ist – zumindest offline: Privates.

Vielleicht habe ich gerade kurz überlegt, dem Paketboten den Müll mit runterzugeben. @Pokerbeats

---

Ich habe schon die Wohnung geputzt und die Betten frisch bezogen und vielleicht wachsen mir gleich Kittelschürze und Lockenwickler. @s_ill_e

---

Ich fahre übrigens mit dem Auto meiner Frau zur Arbeit. Das sieht in etwa so aus, als würde Donkey Kong mit der Karre der Prinzessin fahren. @se7enben

---

Eventuell wurde mir unerwartet ein Bier ausgegeben und ich konnte mich nicht zwischen »Prost« und »Danke« entscheiden: »Pranke!« Oh Gott. @jesscuster

---

Eben Typ mit so einem Blumenkranz am Lenker seines Rennrads gesehen. Bin vor Lachen fast rückwärts in mein Gepäckträger-Körbchen gefallen. @der_handwerk

---

Ich benutze manchmal Duschgel für den Kopf und Shampoo für den Körper. Ich mag vielleicht ein Punk sein. Aber ein Punk ohne Spliss am Bauch @hf_sports

---

Meine Unfehlbarkeit wird oft mit Arroganz verwechselt.
@gallenbitter

Irgendwann finde ich mal heraus, wo der Staub wohnt und lege mich auch einfach mitten in seine Wohnung.
@_ungenau_

Wenn ich nicht ab und zu Pakete im Haus suchen müsste, die DHL ohne Vermerk irgendwo abgegeben hat, hätte ich gar keine sozialen Kontakte. @Pokerbeats

---

In meinem nächsten Leben werd ich Parkuhr, kassiere untätig Kleingeld und lass mich vollquatschen.
@DrWaumiau

Weil bei uns Haustiere verboten sind, bewerfen wir den Postboten immer mit Hundefotos und ein Nachbar bellt dazu vom Balkon. @_ungenau_

Habe 75 Eier mit 4 Gramm Zucker schaumig geschlagen. Mein Gott, bin halt eine Zeile verrutscht. @akkordeonistin

---

Ohne Flusen im Bauchnabel ist mir immer so kalt.
@eingenickt

In den kommenden fünf Tagen werde ich
drei Mal Ente essen.
Tick, Trick und Track erzählen sich Grusel-Geschichten von mir am Lagerfeuer. @Pokerbeats

---

Meine 7 Regeln für Erfolg im Leben?
1. Glaub an Dich.
2. Gib niemals auf.
3. Immer lächeln.
4. Sei kreativ.
5. Sei flexibel.
6. Scheiß auf Mathe. @DrWaumiau

Mama sagt, ich hätte bereits kurz nach der Geburt geweint. @emoprunio

---

Hochflor-Teppich gesaugt. Offenbar haben wir Kinder. Und Haustiere. Und Onkel Horst ist gar nicht vor 3 Jahren entführt worden. @RitaKasino

---

Fertig bei Ikea. Ich habe jetzt so viele Teelichter im Kofferraum, dass ich damit 26 Heiratsanträge bei »Mitten im Leben« machen könnte. @se7enben

---

Die Steuerrückerstattung ist da. Ich geb einen aus.
Wer will Zitrone in sein Eiswasser? @DrWaumiau

Ich habe mehrere sehr enge Freunde, deren Namen ich nicht weiß, weil ich am Anfang nicht aufgepasst hab und nun wohl kaum noch fragen kann. @der_handwerk

---

Den Wein habe ich nach »kostet mindestens 6 Euro und es sind nicht mehr viele Flaschen davon im Regal« ausgesucht.
Wie ein Soohmilljeh! @Pokerbeats

---

500 Gramm HARIBO-Lakritz-Schnecken intus. Morgen kack ich mir einen Satz Sommerreifen. @gallenbitter

---

Ich möchte nicht behaupten, dass ich geizig bin. Aber bevor ich die Wassermelone abwiege, entkerne ich sie noch schnell. @MaoriHH

Alte Klassenkameradin getroffen. Aber mit der rede ich nicht. Die schuldet mir noch 60 Pfennig für 'ne Vanillemilch @hf_sports

---

Ich habe den Regenschirm über einen kackenden Hund gehalten. Entwürdigend für alle Beteiligten, aber es fühlte sich irgendwie richtig an. @jesscuster

---

»Du bist telefonisch immer so schwer zu erreichen.«
»Eigentlich nicht. Ich gehe halt bloß nie ran.«
@_ungenau_

»Das ist aber eine hübsche Baustelle. Ein wenig abgewrackt, aber hübsch.«
»Entschuldigen Sie, das ist mein Leben.« @jesscuster

Ich will nicht sagen, dass ich viel Kaffee trinke, aber kolumbianische Bauern haben ein Foto von mir im Portemonnaie @hf_sports

---

Ich bin Optimist. Sudoku fülle ich direkt mit Kugelschreiber aus. @Pfefferine

---

Als Gott die Fähigkeit »Nein!« zu sagen verteilte, stand gerade der Teufel vor mir und fragte mich, ob ich einen Keks wolle. @s_ill_e

---

»Wenn Sie noch nicht mit ihm in der Kiste waren, ist jetzt wohl die letzte Chance.«
Warum ich zu Beerdigungen nicht mehr eingeladen werde. @Schlachtzeile

---

Ich möchte die »Haus bauen, Baum pflanzen, Kind zeugen«-Liste um folgende Punkte erweitern:
– Persönliches Google-Doodle
– ARD-Brennpunkt @sechsdreinuller

Dass es mir zu weit ist, ein Paket von der Post abzuholen, ich aber für Currywurst durch die halbe Stadt fahre, beschreibt mich ganz gut. @Pokerbeats

---

Um diese Uhrzeit verwechsle ich eine Getränkekarte schon mal mit einer To-do-Liste. @gallenbitter

---

Mein Shampoo baut auf, repariert und reinigt. Ich wasche mir damit nicht die Haare, ich schütte das jetzt einfach ins Wohnzimmer. @_ungenau_

Ich ernähre mich so scheiße. Wenn mich eine Mücke sticht, bekommt die zu Hause Ärger. @MaoriHH

Ich bin der, der Tim Bendzko 148713 Mails schrieb. @prunio

Der Sohn vom Nachbarn trägt Zeitungen aus und hat eine Freundin. Job, Beziehung – womit er mich wohl als Nächstes demütigen wird? @Biobratwurst

---

Wieso gibt's eigentlich nicht so eine Art Anti-Mikrowelle, in der man ein warmes Bier in drei Minuten kühlen kann? Ich würde so was kaufen! @GebbiGibson

---

Ich habe den Samstagabend allein und mit einem riesigen Becher Eis vor dem Fernseher verbracht. Mir wächst sicher bald eine Katze @hf_sports

---

Warte auf einen Überfall. Dann wird jemand »Keine Bewegung!« brüllen und ich werde mit »Das kann ich. Das habe ich trainiert!« antworten. @eingenickt

---

Der Pizzabote verabschiedet sich seit Neuestem mit »Pass auf dich auf, Alter« und ich weiß wirklich nicht, was ich davon halten soll. @jesscuster

---

Über Leute, die mehrere Drogen gleichzeitig einwerfen, kann ich nur lachen. Ich habe 3 unterschiedliche Teebeutel in meiner Tasse. YOLO. @RitaKasino

---

Ich bin älter geworden. Auf die Frage »Wie geht's dir?« reagiere ich inzwischen mit einem spontanen Heulkrampf, um dem Smalltalk zu entgehen. @DrWaumiau

---

In besinnliche Weihnachtsstimmung komme ich jedes Jahr, sobald meine Mutter sagt, ich soll ihr die Amazon-Links zu meinen Wünschen schicken. @Pokerbeats

---

Unter dem Wäscheberg im Bad kam ein Partygast zum Vorschein. Kleidungsstil und Bartlänge zufolge liegt er dort seit meinem 18. Geburtstag. @Biobratwurst

---

Eigentlich warte ich immer nur darauf, dass die Zahnarzthelferin auf diese willkürlichen »E6, F3« irgendwann »Treffer, versenkt!« reingröhlt. @nutellagangbang

---

Weil mir so viel egal ist, gelte ich als besonders tolerant. @HausOhneFenster

---

Ich musste mit meiner Männergrippe zu den normalen Patienten ins Wartezimmer. Ist also nicht meine Schuld, wenn morgen alle tot sind. @_ungenau_

Wenn ich einen QR-Code sehe, versuche ich immer mit einem Buntstift den schnellsten Weg durch das Labyrinth zu finden. @eingenickt

---

Wenn mir langweilig ist, frag ich im Club die eingebildete Hübsche nach der Nummer ihrer fetten Freundin. @t5a

---

Und immer die Frage in meiner Küche: Habe ich gerade einen Kuchen gebacken oder ein Vogelhäuschen geschreinert? @Wassagtihrdazu

---

Letztes Jahr wurden 50 Milliarden Post-its verkauft. Darf ich fragen, an wessen Bildschirm die anderen zwei kleben? @prunio

---

»Heinrich, wie geduldig bist du auf einer Skala von 1 bis …«
»AINZ!« @hf_sports

Würde ich in einem Lebkuchenhaus leben, wäre ich nach 3 Stunden und 24 Minuten obdachlos. @MaoriHH

Ich bin ein Punk, gefangen im Körper eines Reihenhauses. @der_handwerk

Einen Nieser nicht komplett unterdrücken können und drei Tische weiter sagt jemand: »Oh, wie so ein Hase«. Wer von euch war das? @jesscuster

---

Wenn man in einem Film über mich »zwei Jahre später« einblendete, säße ich noch immer im Schlafanzug auf dem Sofa. @akkordeonistin

---

Altersangaben bei Filmen sind mir egal. Ich will wissen, ob im Film Spinnen vorkommen. Verdammte Axt. @eingenickt

---

»Hände hoch!«
»Nein, erschießen sie mich nicht, ich muss noch wissen, wie mindestens 5 Serien ausgehen!« @eingenickt

---

Meine Beine haben den Braunton »Mozzarella«. @namenlos4

»Meine Geheimzahl ist mir nicht eingefallen, bis ich sie am Geldautomaten laut gesagt habe.«
Christian, 30, Sicherheitsexperte @Pokerbeats

Heute ist Montag, dann Freitag, dann ein Tag Wochenende, dann wieder Montag, dann Freitag und dann Wochenende. Verwirrend, aber schön. @sechsdreinuller

---

Dem Dönermann von meinem bevorstehenden Umzug erzählt. Er erwägt nun mit umzuziehen, um nicht sein finanzielles Standbein zu verlieren. @t5a

---

Wenn mir langweilig ist, klemme ich Kondome unter die Scheibenwischer der Autos mit »Kevin oder Chantall an Bord«-Aufklebern. @Wassagtihrdazu

---

Wenn mir langweilig ist, klebe ich Post-its mit Gewichtsschätzungen auf Besucher bei McDonalds. @Biobratwurst

---

Ich bin mit Abstand der schlaueste unter meinen Kommil… Kommilo… Mitstudenten. @nutellagangbang

---

Ich werde ja immer erst ins Boot geholt,
wenn es schon voll ist. @HausOhneFenster

Die Familie trifft sich heute, um zu überlegen, wie man mit dem schwarzen Schaf der Familie umgeht.
Gott sei Dank bin ich nicht eingeladen. @Regendelfin

Eben meine Geburtsurkunde gefunden.
Ich heiße ja gar nicht »Wegda«! @emoprunio

Ich wäre gerne Profi-Fußballer. Aber nicht zu gut. Dann könnte ich immer schön gemütlich auf der Bank sitzen. @eingenickt

---

Haustürschlüssel vergessen.
Endlich weiß ich, wie es sich anfühlt, wenn man bei mir klingelt und keiner aufmacht.
Das war's wert. @DrWaumiau

Ich führe ein Leben auf der Überholspur. Gut, mit meinem Dreirad halte ich den ganzen Verkehr auf, aber egal. @MaoriHH

Wir haben eine Spinne im Vorraum. Den Kindern gezeigt, wie man solche Probleme löst: Wir seilen uns jetzt morgens durch das Fenster ab. @RitaKasino

---

Sitze in Boxershorts auf der Couch, esse Chips und trinke Red Bull. Bald wächst mir bestimmt ein World-of-Warcraft-Account @hf_sports

---

Ich trage Jeans, Chucks, ein Boss-Hemd, trinke einen Espresso und tippe auf meinem Handy rum. Sicher wächst mir gleich ein Startup. @Pokerbeats

---

Das benachbarte Pärchen poliert gerade liebevoll gemeinsam ihr Auto. Hoffe, mein Auto bekommt davon nichts mit! @Wassagtihrdazu

---

Gut, dass ich heute Nacht noch die zweite Flasche Wein geöffnet habe. Ohne volle Blase wäre ich nicht aus dem Bett gekommen. @der_handwerk

---

NSA-Agent wäre nichts für mich. Ich kann ja nicht mal 5 Minuten meiner Frau zuhören. @se7enben

---

Mit Sonnenbrille, Handy am Ohr und Coffee-to-go-Becher in der Hand ein Taxi ranwinken. Ich sehe aus wie der Anfang einer Romantik-Komödie. @Pokerbeats

---

Ich schmeiß alles hin und werde Bademeister.
Ich kann auch die beiden Standardsätze:
»Ned von de Seid nei hübbe!«
»Langsaaaam! Ned renne!« @sechsdreinuller

Hoffentlich werde ich nie reich. Ich hasse Champagner. @prunio

---

Für den Winter richte ich ein Eichhörnchen ab. Es wird mir kiloweise Plätzchen aus fremden Wohnungen zusammenklauen. @Biobratwurst

---

Ich schneide das Tetra Pak vorm Verzehr ja immer komplett auf, damit der Wein atmen kann @hf_sports

---

Ich kann nur ich selber sein. Außer in der Badewanne. Da bin ich ein U-Boot. @eingenickt

---

Ich kann Leute nicht leiden, die 5 Mal an der Tür klingeln, obwohl man schon beim ersten Mal »ICH BIN NICHT DA!« gebrüllt hat. @namenlos4

Als die Geduld verteilt wurde, war ich gerade auf der Suche nach meiner Axt. @s_ill_e

---

Ich tanze so schlecht, dass die Jungs auf der Waldorfschule dachten, mein Name wäre Renate. @se7enben

---

Spontan bin ich nur beim Absagen. @t5a

Falls irgendwo, irgendjemand gerade das Drehbuch meines Lebens schreibt:
Jetzt wäre es der perfekte Zeitpunkt für die glückliche Wendung. @Wassagtihrdazu

---

Meine Coiffeuse fragt, wie es mir geht und das ist jetzt bisschen doof, weil ich habe nur Antworten zum Thema Wetter vorbereitet. @prunio

---

Es gibt Pornos, die so beginnen. Aber bei meinem Glück bin ich das Opfer in Polizeiruf 110. @DrWaumiau

---

Ich habe mir schon manches hinter die Ohren geschrieben, aber ich kann's da immer nur ganz schlecht wieder lesen. @akkordeonistin

---

Hab mir gerade den Kopf gestoßen und zwei Euro gefunden. Ich bin Super Mario @hf_sports

---

Schlendere heute gemütlich über den Weihnachtsmarkt.*
*mit ausgebreiteten, wild fuchtelnden Armen und angespitzten Skistöcken in den Händen. @HausOhneFenster

Als wohlerzogener Mensch habe ich immer die Hotelbibel neben dem Bett liegen, um keine Bierränder auf dem Nachttisch zu hinterlassen. @der_handwerk

---

Ich glaube, ich werde meine Biografie mit
»Ach, scheiß drauf« beenden. @eingenickt

---

7 Sekunden vor dem Läuten den Wecker deaktiviert.
Mein Leben als James Bond. @gallenbitter

Es sind zwei Snickers auf einmal aus dem Automaten gekommen und ich verstehe jetzt die Faszination Las Vegas. Hat wer Kleingeld für mich? @jesscuster

---

Meine Tischmanieren kannste kniggen.
@nutellagangbang

»Schatz! Die Waschmaschine ist fertig!«
Nur eines von vielen Beispielen, wie ich im Haushalt unterstützend mitwirke. @gallenbitter

---

Ich laufe schon den ganzen Tag im Bademantel rum und hoffe, dass die Nachbarn bei dem schemenhaften Licht denken, dass Batman hier wohnt. @Pokerbeats

Ich möchte eine Pizza bestellen, aber nicht aufstehen. Vielleicht rufe ich noch einen Schlüsseldienst. 344,80 € für 'ne Funghi ist okay. @MaoriHH

Sambuca ist schlecht. Ich hätt's wissen müssen. Schließlich hat mir Mama früher immer Tee gekocht. Niemals Sambuca @hf_sports

---

Vom Einkaufen bringe ich generell Lauch mit. Wenn der so aus der Tüte ragt, das sieht dann immer so aus, als hätte man alles im Griff. @der_handwerk

---

Ich beherrsche die Kunst, ein Schweigen in tausend Variationen falsch zu interpretieren. @akkordeonistin

---

Meine Bettdecke besteht aus 80% Baumwolle und 20% Kekskrümeln. @eingenickt

---

Manchmal laufe ich düstere Wege ab in der Hoffnung, überfallen zu werden, damit ich jemanden ungestraft auf's Maul hauen kann. @namenlos4

Ich jammere nicht rum, wenn ich eine Erkältung habe. Ich schreibe Abschiedsbriefe. @eingenickt

Ich habe eben entdeckt, dass es Kinderpingui-Torte gibt und weiß jetzt nicht so recht wohin mit meinen Emotionen. @Pokerbeats

---

Wenn ich versuche möglichst schnell zu gehen, ohne zu rennen, sehe ich immer wie eine balzende Taube aus. @sechsdreinuller

---

Ich soll ja immer vor Einbruch der Trunkenheit zu Hause sein. @t5a

---

»Mir ist oben an dem Dingens der Nupsi abgebrochen.« Ich sollte Bedienungsanleitungen schreiben. @_ungenau_

In der Sonne sitzen. Faulenzen. Gelegentlich grundlos ein Insekt töten. Wie Gott, nur eine Ebene tiefer. @gallenbitter

---

Da ist gerade eine Tussi beim Jungs-Abchecken vor einen Laternenpfahl gelaufen. Dämliche Bitch. Mal was anderes: Wie stoppt man Nasenbluten? @Regendelfin

---

Als Trinkgeld bei McDonalds drücke ich immer ein Chicken McNugget in die Sparbüchse von diesem autistischen Clown. @Biobratwurst

---

Ich hab einen 2,99 €-Wein gekauft und er schmeckt nicht. OBWOHL DA SO'N GOLDENES NETZ DRUM WAR! @nutellagangbang

---

Kurz vor dem Tod möchte ich nicht mein komplettes Leben an mir vorbeiziehen sehen, sondern noch mal alle Folgen von Lost. @eingenickt

---

Aus schlechtem Gewissen die fremde Brötchentüte unter dem Shirt an der Stammbäckerei vorbeischmuggeln.
Bin wohl definitiv Team monogam. @jesscuster

Mit meinem Nudelsalat habe ich es geschafft, dass ich nicht mehr zum Grillen eingeladen werde. Jetzt brauche ich noch etwas für Umzüge. @_ungenau_

Vielleicht hab ich ja gar kein Tourette,
sondern bin einfach nur unfreundlich @hf_sports

Ich bin nur zwischen 10 und 25 Grad erreichbar.
@eingenickt

Ich blinzle nur sehr selten, weil ich Angst im Dunkeln hab.
@emoprunio

Anfangs war mir der Schmutz in der Küche unangenehm. Aber inzwischen zahlt die Pizza 200 € Miete und der Schimmel geht regelmäßig einkaufen. @Biobratwurst

---

Machmal wäre ich selber gerne Türsteher, nur um sagen zu können »Jetzt stellt euch mal nicht so an«.
@Pokerbeats

Eine Packung Beruhigungsmedikamente kann gar nicht so viele Tabletten enthalten, wie ich zum Zusammenfalten der Beilage bräuchte. @emoprunio

---

Ich warte auf den Reparaturservice für den Geschirrspüler, komme aber wegen der ganzen schmutzigen Teller nicht mehr an die Wohnungstür. @MaoriHH

Weihnachten zeigt seine Nachwehen. Hab beim Zähneputzen reflexartig die Zahnbürste gefuttert @hf_sports

Mein Hauptproblem zurzeit ist, dass Ordnung nur das halbe Leben ist. Momentan lebe ich überwiegend in der anderen Hälfte. @MaoriHH

Ich gucke meinem Zahnarzt während der Behandlung grundsätzlich penetrant in die Augen. Es sollte nicht nur für eine Seite unangenehm sein. @jesscuster

---

Ich bin gerade durch ein Spinnennetz gelaufen und habe ganz männlich gekreischt. @eingenickt

---

»Christian, draußen tobt das Leben!«
»Ja, sag ihm, es soll bitte etwas leiser sein.« @Pokerbeats

Ich setze Kommas ja so, wie ich den Scheiß rappen würde. @t5a

---

Ich tröste mich vor dem Spiegel immer damit, dass ich in echt ja eigentlich andersrum aussehe. @nutellagangbang

---

Ich kann auf mehr als 39 verschiedenen Sprachen genervt die Augen verdrehen. @eingenickt

---

Ich werde noch herausfinden, welchen Fernseher unsere Nachbarn haben. Bei der WM schlägt dann die Stunde meiner Universal-Fernbedienung. @MaoriHH

Ich habe mich in diese peinliche Situation hineingetrunken, ich trinke mich da auch alleine wieder heraus. @jesscuster

---

»Machst du bitte mal den Christbaum an?«
»Ey, Christbaum, hast du'n Problem oder was!?«
Warum mich meine Schwiegereltern komisch finden. @t5a

Endlich geht die Uhr an der Mikrowelle wieder richtig! Dieses ständige Gerechne hat so viele Bockwürste zur Explosion gebracht. @DrWaumiau

---

Eine Woche nichts online bestellt. Karte mit einem »Geht es Ihnen gut?« vom Postboten im Briefkasten gehabt. @Wassagtihrdazu

---

Ich schmeiß gar nichts hin, mir fällt eh alles runter. @s_ill_e

---

Seitdem ich den Süßigkeitenschrank ohne Klettern erreichen kann, ist alles außer Kontrolle geraten. @eingenickt

---

»Wie entspannt ihr euch?«
»Ich mache Yoga«
»Ich mache Tai Chi«
»Ich mache Sofa!« @RitaKasino

Abends gehe ich oft mit einer Schüssel Nudelsalat spazieren, um den Eindruck zu erwecken, ich hätte Freunde, die mich zu Partys einladen. @GebbiGibson

---

»Christian, was ist? Du stehst jetzt das 9. Mal auf und gehst durchs Büro.«
»NICHTS!«
Niemandem fällt auf, dass ich eine neue Hose trage.
@Pokerbeats

Aufstehen.
Aussehen wie ein Vollidiot.
Haargel.
Aussehen wie ein Vollidiot. Mit geiler Frisur. @RitaKasino

Notiz an mich: Niemand macht ein besseres Ich-hasse-mein-Leben-Gesicht, als eine 14-Jährige mit ihrer Mutter beim Einkaufen. @se7enben

Ändert man die zu Silvester gefassten Vorsätze geringfügig ab, lassen sie sich viel leichter halten, z. B.: »Kein Sport. Mehr Alkohol.« @RitaKasino

#GesundLeben

Wollte joggen gehen, aber bei dieser Dunkelheit sieht's ja keiner. @prunio

Biodynamisches Müsli, frühmorgendliches Joggen, Salat statt Leberwurst – wer noch nie stattdessen ein ganzes Glas Nutella ausgelöffelt, im Bett liegen geblieben ist oder einfach nur den Bauch eingezogen hat, werfe den ersten Stein.

Jetzt habe ich schon 5 Fitnessriegel gegessen und immer noch keine Lust, heute zum Sport zu gehen. @Pokerbeats

---

Durch Sport nimmt man ja nur ab, weil man danach zu schlapp ist, noch eine Lasagne zu backen. @MaoriHH

»Ich mache jeden Morgen 50 Liegestütze und 100 Sit-ups. Was tust du für deine Figur?«
»Ich trage weite Sachen und ziehe den Bauch ein!«
@RitaKasino

»Ich war heute früh schon 10 Kilometer joggen, halbe Stunde Yoga, Pilates und hatte ein biodynamisches Müsli. Und du?«
»Ich hab einen Job!« @Schlachtzeile

»Ich war heute schon 15 km laufen. Wie verbrennst du Fett?«
»Meistens in der Pfanne.« @RitaKasino

Dass Joggen gesund sein soll und Spaß macht, glaube ich erst, wenn ich einen Jogger sehe, der gesund aussieht und wirkt, als hätte er Spaß. @sechsdreinuller

---

Bin beim Joggen angebaggert worden.
Also angesprochen.
Eigentlich bin ich gefragt worden, ob man mir einen Arzt rufen soll. @Pokerbeats

---

Ich gehe immer nur nachts joggen. Da sieht einen niemand weinen. @_ungenau_

---

9 Prozent meines Lebens verbringe ich damit, die nach mehr als vier Treppen einsetzende Schnappatmung vor meinen Mitmenschen zu verbergen. @jesscuster

---

Dass mir Sport eher fremd ist, merke ich daran, dass ich als Erstes immer denke, es sei etwas passiert, wenn jemand an mir vorbeirennt. @akkordeonistin

---

Nach der Arbeit ist man viel zu hungrig und nach dem Abendbrot viel zu vollgefressen. Es ist schlichtweg unmöglich, zum Sport zu gehen. @der_handwerk

---

Es wird jetzt schon eher dunkel. Jetzt kann ich endlich noch früher nicht joggen gehen. @eingenickt

---

5:50 Uhr. Fast einen Jogger überfahren.
Verdient hätte er es ja. @namenlos

Joggern mit LED-Stirnlampen von hinten in die Haxen treten und behaupten, man habe sie ohne Rücklicht unmöglich sehen können. @t5a

---

Kurz dachte ich, man hätte mir beim Joggen nachgepfiffen.
War aber nur meine Lunge. @Pokerbeats

»Ich gehe zweimal in der Woche Schwimmen und dreimal Laufen.«
»Wow, Kompliment! Seit wann machst du das?«
»Seit morgen.« @Pfefferine

»Natürlich mache ich gerne Sport. Deshalb mache ich ihn auch so selten. Er soll ja was Besonderes bleiben.« @s_ill_e

---

Völlig fertig vom Sport. Und ich rede erst von der Treppe zum Fitnessstudio. @MaoriHH

Für mich ist die Maßeinheit beim Joggen nicht Kilometer, sondern wie oft ich gefragt werde, ob alles ok ist. @Pokerbeats

---

Mein linkes Augenlid zuckt. Genug Bewegung für heute. @eingenickt

---

War gerade im Fitnessstudio.
Geld für Zigaretten wechseln. @Wassagtihrdazu

Wer von sich denkt, er sei nicht kreativ, möge sich ein Fitness-Abo kaufen und staunen, wie kreativ er im Erfinden von Ausreden ist. @prunio

---

Eigentlich wollte ich joggen,
aber Gott sei Dank regnet es leider. @Pokerbeats

Wurde soeben von einer Mutter mit Kinderwagen überholt. Treppe aufwärts. Ich glaube, ich geh wieder heim und leg mich hin. @MaoriHH

»Oh, es regnet schon wieder.
Dann kann ich gar nicht joggen gehen.«
»Du machst doch gar keinen Sport.«
»Es regnet ja auch andauernd.« @_ungenau_

Seitdem ich eine Fitness-App habe, bin ich eigentlich ganz froh, dass der iPhone-Akku nicht so lange hält.
@prunio

Fitnesslevel: Ich habe mich beim Strecken nach der Fernbedienung gezerrt. @Pokerbeats

---

Und dann denkst du plötzlich über das zulässige Gesamtgewicht deiner Couch nach. @se7enben

---

»Zu wenig Schlaf macht dick.«
»Ich schlafe zu wenig« klingt ja auch viel besser als »Ich esse zu viel«. @s_ill_e

---

Du bist nicht dick. Du bist eine Runde weiter!
@sechsdreinuller

Ich könnte schwören, dass meine Hose gestern noch keine Leggings war. @se7enben

Ich habe so Hunger, ich esse gleich meine Ernährungsberaterin. @prunio

---

Fünf Minuten eher aufgestanden, um sich Stullen zu schmieren, die man dann zu Hause vergisst. Alzheimer-Trennkost. Das nächste große Ding. @DrWaumiau

---

Was hat sich die Natur beim Fettwerden eigentlich gedacht? Man wird langsam, friert trotzdem und bei Elitepartner klickt dich niemand an! @se7enben

---

Meine Lieblings-Yogaposition ist der verfressene Otter. Auf dem Rücken liegend, die Chips auf dem Bauch, und alles langsam aufessen. Namaste. @sechsdreinuller

---

Mir ist eben das halbe Keksregal in den Einkaufswagen gesprungen. @se7enben

---

Bewusste Ernährung schön und gut, aber wer noch nie ein Abendessen nach dem geringsten Aufwand ausgesucht hat, der werfe den ersten Stein. @Pokerbeats

---

Schokolade, die nicht dick macht. Das wär's. Aber nein, wir müssen ja zum Mond fliegen. @gallenbitter

---

»Findest du, dass ich zugenommen habe?«
»Nein, du hast nur dein Speckdrum erweitert.«
@sechsdreinuller

»Findest du mich dick?«
»Warte, ich komm rum.« @der_handwerk

»JUHUUU! Ich hab abgenommen.«
»Du stehst auf der Katze!«
»Ja, aber sie zeigt nichts an.« @DrWaumiau

»Hast du Hunger, Maori?«
»Nein.«
»Ok, wir gehen jetzt Burger essen.«
»Ich komme mit.« @MaoriHH

»Cookies löschen« klingt schon viel besser als »eine ganze Packung Kekse verputzen«. @Pokerbeats

---

Also ich bin ja der Meinung, dass auf so ein 800g Nutella Glas auch ein Warnhinweis gehört. Mit Bild.
Ein weinendes Supermodel vielleicht. @DrWaumiau

Du bist nicht dick. Du hast einen Naschbrettbauch.
@sechsdreinuller

Dick macht wahrscheinlich gar nicht die Pizza,
sondern die Tüte Chips, die ich immer esse,
bis der Pizzabote endlich da ist. @GebbiGibson

Einatmen. Ausatmen. Einatmen. Ausatmen. Einatmen.
Ausatmen. Drei Tafeln Schokolade weg. @MaoriHH

Ich nehme mir jeden Tag einen Apfel und einen
Müsliriegel mit ins Büro.
Auf meinem Schreibtisch liegen inzwischen 20 Äpfel.
@Pokerbeats

Habe den Schokoladen-Pudding auf den Stepper gestellt.
Damit der ein paar Kalorien verliert. Ich bin sehr clever.
@eingenickt

Nur noch 3 Tüten Chips und man sieht mich endlich auf Google Earth! @se7enben

---

Ich bin nicht dick, ich hab nur sehr, sehr viel Liebe in mir. @s_ill_e

---

»Anstelle von Holz, einfach mal ein paar Kalorien verbrennen« … Und jetzt bekomme ich diese verdammte Schokolade einfach nicht angezündet. @Wassagtihrdazu

---

Meine Tafel Schokolade ist wiederverschließbar und ich verstehe nicht, warum. @Pokerbeats

---

»Willst du auch ein Stückchen Schokolade?«
»Wie komisch du ›Tafel‹ aussprichst. Süß.« @eingenickt

Mein Hausarzt und ich haben einen Deal: Ich spiele als Medizinstudent nicht den Klugscheißer, dafür steht auf jedem Rezept »Muss mit Schokolade eingenommen werden«.@jesscuster

---

»Isst du das noch?« wäre der erste Satz, den ich in einer Fremdsprache lernen würde. @Pokerbeats

Nur noch 1 kg bis zur Schneemann-Figur.
Der Winter kann kommen! @Biobratwurst

---

40 g Müsli sind eine Portion?
FÜR WEN? BABYKÄTZCHEN? @s_ill_e

Ich habe nie verstanden, warum auf die Toffifee-Verpackung ein Mindesthaltbarkeitsdatum aufgedruckt ist. @Pokerbeats

---

»Ein Kaffee, bitte!«
»Koffeinfrei?«
»NA KLAR! UND EIN STÜCK APFELKUCHEN OHNE ÄPFEL. MIT SAHNE, ABER FETTFREI! FÜR MEIN LEBEN, SPASSBEFREIT!« @Schlachtzeile

---

Wenn die sagen »Snickers und der Hunger ist gegessen«, von wie vielen Snickers reden die da? @s_ill_e

---

»Ich bekomme vier Stücke Käsekuchen zum Mitnehmen, bitte.«
»Hier, schönen Sonntag noch und lasst es euch schmecken.«
»Euch?« @Pokerbeats

»Ist das Brot bio?«
»Natürlich. Von glücklichen, freilaufenden Brotbäumen.«
@_ungenau_

Trinke Biowein. So nachhaltig habe ich mich ja noch nie betrunken. @prunio

---

Die neuen Nichtraucher-Gesetze besagen, dass das Lied »Smoke on the water« ab sofort »Smoke only in the smoking area on the water« heißt! @Schlachtzeile

---

Potenziellen Gegnern teile ich fairerweise mit,
dass ich überwiegend grünen Tee trinke und daher
höchstwahrscheinlich unsterblich bin. @t5a

Wer bei McDonalds einen FishMac bestellt, weil er sich
gesünder ernähren will, futtert auch Lachgummis,
um endlich mal wieder Spaß zu haben. @Schlachtzeile

»Hänsel, das Häuschen da mitten im Wald wirkt bedrohlich!«
»Orr, Gretel, Apple Maps sagt eindeutig,
dass wir hier bei McDonalds sind!« @Schlachtzeile

Wegen einer Rot-Grün-Essschwäche habe ich Fleisch jahrelang für Salat gehalten. @Biobratwurst

---

Veganes Essen ist voll lecker! Man muss nur Hackfleisch und Sahne zugeben. Und das Ganze dann mit Käse überbacken. @namenlos4

»Dieser vegane Auberginen-Aufstrich schmeckt ja mal richtig gut!«
Das ist Leberwurst. @Wassagtihrdazu

Witze über Tofu sind immer so geschmacklos.
@nutellagangbang

Ich hab die letzten 3 Tage voll vergessen, euch ständig zu erzählen, dass ich Nichtraucher bin. Ich wäre ein schlechter Veganer @hf_sports

---

»Warum weinst du? Ist jemand gestorben?«
»Wegen der Zwiebeln!«
»JETZT ÜBERTREIBT IHR VEGANER ABER WIRKLICH!«
@Schlachtzeile

Liebe Vegetarier, ja, noch lacht ihr mit eurer Gemüse-Lasagne! Bis herauskommt, dass in Tofu ausschließlich Toter Fuchs enthalten ist! @Schlachtzeile

---

Heute kommt ein Veganer zu Besuch. Ganz schön anstrengend vegan zu kochen.
Es gibt Holz @hf_sports

»Ich lebe streng vegetarisch.«
»Du isst gerade Salami.«
»Was soll denn das für ein Tier sein?« @s_ill_e

»Haben sie denn nichts Veganes auf der Karte?«
»Nein, leider nicht.«
»Ok, dann nehme ich das Schnitzel.« @Wassagtihrdazu

Ihr räumt doch die Zimmerpflanzen auch weg, wenn ihr Veganer zu Besuch habt? @prunio

---

»Ich kann machen, was ich will. Männer interessieren sich einfach nicht für mich« – Salat @RitaKasino

---

#Kleintierhalter

Die Katzen klopfen an die Tür. Mit ihrem gesamten Körper. @MaoriHH

Hund, Katze, Meerschweinchen – die besten Freunde des Menschen. Zugegeben, nicht immer die einfachsten.

Auf unsere Couch passen bequem vier Personen.
Oder die Katze. @Pokerbeats

»Wie macht der Hund?«
»Wau Wau!«
»Und wie macht die Katze?«
»Heute kotz ich dir aufs Kissen und scheiß dir in die Schuhe!« @RitaKasino

---

»Kind, lass die Katze in Ruhe … Lass die Katze in Ruhe … Lass die Katze in Ruhe. Lass die Katze … Komm her, ich mach ein Pflaster drauf.« @namenlos4

Meine Katze kennt über 700 verschiedene Gesichtsausdrücke für »Willst du das noch essen?« @Regendelfin

---

Inzwischen verstehe ich die Katzensprache ganz gut.
Mau – Futter
Maau – Futteer
Maaau – Futteeer
MAAAAUU! – FUTTEEEERR!
Mau? – Futter? @MaoriHH

Endlich wieder zu Hause. Die Katzen haben mich sehr vermisst. Zwei Hände mehr, die Dosen öffnen können. @MaoriHH

Zuhause ist, wo die Katze vor der Tür miaut. Und dahinter. Und wieder davor. Und dahinter. Und sich mittendrin anfängt zu putzen. @namenlos4

Die Katze erschrickt vom Geräusch der Kaffeemaschine, stößt die Wasserschüssel um und rennt gegen den Türrahmen. Katzen haben auch Montag. @Pokerbeats

---

Gut, unsere Katzen sind schon ein wenig lebhaft.
Aber ich bleibe entspannt, der Helm stört mich überhaupt nicht beim Fernsehen. @MaoriHH

»Haben sie unseren Wellensittich gesehen?«
»Ja, hier.«
»Das ist eine Katze.«
»Nein, das ist schon ihr Vogel.
Die Katze ist nur drumherum.« @Biobratwurst

Wenn uns der Weg zum Mülleimer zu weit ist, werfen wir den Müll auf den Boden und sagen: »Katzenspielzeug«.
@MaoriHH

Die Katze sitzt am Fenster und maunzt, die Vorderpfoten auf der Fensterbank, wütend in den Hof.
Sie wird mal ein super Rentner. @Pokerbeats

»Schenk mir Aufmerksamkeit, hallo, hallo!«
»Hier, meine Aufmerksamkeit.«
»Was? Geh weg.«
Unser Kater. @MaoriHH

»DU KANNST DOCH NICHT JEDEN TAG AUS SPASS TÖTEN! DIE NACHBARN BESCHWEREN SICH SCHON! ÜBERALL LIEGEN LEICHENRESTE RUM!«
»Mau?« @namenlos4

Wenn ich unseren Katzen etwas verbiete, machen sie es gleich noch einmal, nur langsamer und mich anstarrend. @MaoriHH

Die Katze ist betrunken und ich konnte sie gerade noch davon abhalten, sich eine Rückennummer ins Fell zu rasieren. @Pokerbeats

---

Die Katzen haben noch nichts kaputt gemacht.
Ich glaube, die sind defekt. @MaoriHH

Ich gucke seit 30 Minuten den Katzen zu, wie sie die laufende Waschmaschine beobachten. Total bescheuert, womit Katzen ihre Zeit so verbringen. @namenlos4

»Ein Adventskalender für Katzen. Wie albern.«
»Wieso trägst du dann drei Stück zur Kasse?«
»LASS MICH!« @MaoriHH

Ich bin mir sehr sicher, dass es weniger Krieg gäbe, wenn alle Menschen immer eine schnurrende Katze auf dem Bauch liegen hätten. @Pokerbeats

---

Befreundete Katzen besuchen. Und vielleicht zwischendurch ein bisschen mit deren Menschen spielen. @MaoriHH

»Süße Katze.«
»Das ist ein Meerschweinchen.« @eingenickt

Streichele einen Hund. Höre damit auf. Er guckt böse. Streichele weiter. Wird ein langer Tag heute. @eingenickt

---

Die Schwierigkeit, dem Hund einerseits zu verklickern, wer der Boss ist, ihm aber andererseits nachlaufen und seine Scheiße aufsammeln. @t5a

---

Vater: »Hier sind noch alte Brezeln.«
Ich: »Ich könnte Enten füttern gehen.«
Hund: »Quak!« @Biobratwurst

Die Kinder haben sich einen Hund gewünscht.
Ich habe ihnen die feuchte Fußmatte aus dem Auto geschenkt. Die riecht genauso. @RitaKasino

---

Sie ruft, der Hund wolle nur spielen, und jetzt guckt er komisch, weil ich zufälligerweise ein Monopoly dabei habe. @prunio

---

Das Wort Sitzplatz muss für einen Hund wahnsinnig verwirrend sein. @HausOhneFenster

---

Mit dem 9 Wochen alten Beagle an der Welpenleine, dem Doggen-Besitzer schon von Weitem zurufen:
»Der macht nix!« @t5a

Ich habe meinen Hund so abgerichtet, dass er mir anstelle des Stöckchens gleich den ganzen Nordic Walker bringt.
@RitaKasino

Hunde sollten mindestens so groß sein, dass man sie morgens beim Anziehen nicht mit den Socken verwechselt. @Biobratwurst

---

»Ich suche ein Haustier für mich.«
»Wie sollte es denn sein?«
»Zu groß für einen Staubsauger.« @_ungenau_

#Zwischenmenschliches

**»Habe ein neues,
voll brutales Killerspiel entdeckt.«
»Wie heißt es?«
»Liebe.«** @RitaKasino

Über Anwerbungsversuche (Schrottwichteln), Rezepte für eine glückliche Ehe (gelöschte Browserverläufe) und Alltagsfreuden (»Bringst du den Müll runter?«).

Entscheidend ist nicht, ob man zusammen Pferde stehlen kann, sondern ob man deren Scheiße nachher auch zusammen vom Hof schaufelt. @der_handwerk

---

Ich bin genauso lang verheiratet wie meine Frau.
Gemeinsamkeiten tun einer Ehe eben gut. @MaoriHH

Ein gemeinsamer Email-Account.
Die Pärchen-Jacken des Internets. @GebbiGibson

Vorsicht, wenn eure Frau mal bunt nach Hause kommt.
Es heißt »Kosmetikerin« und nicht »Kinderschminken«
@hf_sports

Morgen früh kehre ich mit einem Besen vor unserer Haustür. Dann habe ich bei den kommenden Diskussionen ein echtes Ass im Ärmel. @MaoriHH

»Komm, Schatz, wir vergessen den Streit.
Ist doch egal, wer Schuld dran war…«
»Okay!«
»…und nächstes Mal reißt du dich halt zusammen.«
@der_handwerk

»Schatz, ich schaffs heute nicht zum Essen,
die Bahn hat Verspätung.«
»Komm sofort aus dem Keller oder die Märklin fliegt
auf den Müll.« @Biobratwurst

Definiere »Win-Win-Situation«: Sie bat mich, diese Woche mal Bier trinken zu gehen, damit sie sich um mein Geburtstagsgeschenk kümmern kann. @nutellagangbang

---

Wenn er sagt, er habe die tollste Frau der Welt, ist das gar nicht so romantisch. Es bedeutet ja, dass er alle anderen ausprobiert hat. @MaoriHH

Den Geschenkideestress vermeidet man am besten, indem man Mitte Dezember die Armbanduhr des Partners heimlich wegwirft. @der_handwerk

---

Mein Mann liest heimlich meine Emails und SMS. Hat er seinem besten Freund per WhatsApp geschrieben. @RitaKasino

---

»Schatz, sag mir doch die drei magischen Worte,
die mich so glücklich machen.«
»Du hast recht.«
»Nein, die anderen drei.«
»Ich bin schuld.« @DrWaumiau

»Oh, ein Autokorso! Wer hat gespielt?
Wer hat gewonnen?«
»Das ist ein Hochzeitskorso.«
»Oh, dann haben beide verloren!« @sechsdreinuller

Merke: Keine gute Idee im Streit mit der Frau die Evolution zu erwähnen und zu behaupten, sie stamme vom Schimpfpansen ab @hf_sports

---

Diese TV-Serien-Stimme »Das ist bis jetzt passiert…« fehlt mir oft, wenn meine Frau nach langem Monolog fragt: »Hast du mir zugehört?« @Schlachtzeile

---

»Isst du das noch?«
»Ich denke gerade über unsere Beziehung nach. Ich habe das Gefühl, du gehst nicht mehr auf mich ein.«
»Ja oder nein?« @namenlos4

Spülmaschinen retten Ehen. Die ungeklärte Zuständigkeit fürs Ausräumen bringt sie allerdings wieder in Gefahr. @Pfefferine

---

Beziehungsstress am frühen Morgen: Weil sie so kalte Füße hat, hab ich ihr einen Zettel an den großen Zeh gebunden. @prunio

»Findest du mich zu dick, Schatz?«
»Wenn ich jetzt Ja sage, kriege ich dann die ganze Schokolade?« @s_ill_e

---

»Papa, ist Liebe oder gemeinsamer Humor
die Basis einer glücklichen Beziehung?«
»Ein stets gelöschter Browserverlauf!« @RitaKasino

»Papi, was bedeutet »perfekt«?«
»Das Gegenteil von glücklich!« @RitaKasino

»Komm Schatz, wir machen uns einen schönen Sonntag!«
»Ok, bis morgen.« @hf_sports

Ich habe die Frau mit der Chipstüte allein gelassen.
Für wenige Sekunden.
Esse nun Kekse. @MaoriHH

Frau ist aus. Ich fürchte, sie hat wieder ein paar Mal-sehen-ob-er's-wegräumt-Fallen hinterlassen. Aber wo?
@der_handwerk

Bin seit gestern erkältet, schlafe nur und spreche fast nichts. Der Mann guckt schon ganz verliebt. @namenlos4

»Schatz, macht mich dieses Kleid fett?«
»Nein.«
»Aber ich seh doch fett darin aus!«
»Ich kann dabei keine aktive Rolle des Kleides erkennen!«
@Schlachtzeile

Meine Frau meint, ich würde Fußball zu ernstnehmen. Keine Ahnung, was sie meint. Erst mal die Kinder ins Bett grätschen. @RitaKasino

---

»Wie war dein Tag?«
»Bei uns ist ein brennender Tanklaster ins Büro gefahren!«
»Also meiner war viel schlimmer!« (Meine Frau. Immer.)
@se7enben

»Guten Morgen mein Schatz, wie hast du geschlafen?«
»Liegend.« @prunio

Wenn deine Freundin fragt, mit wie vielen Frauen du vor ihr schon geschlafen hast, ist »42« nicht die richtige Antwort. @RitaKasino

---

Erst nimmt man dir den Glauben an den Weihnachtsmann, dann den Storch und am Ende merkst du: Auch Prinzessinnen haben manchmal Durchfall @hf_sports

Wenn meine Frau und ich uns über die Doppelwaschbeckengeschichten von Freunden austauschen, fallen wir oft vor Lachen von unseren Klos. @der_handwerk

---

»Wie verhütest du?«
»Ich schlaf einfach ein.« @s_ill_e

Sich verknallen und vögeln ist einfach.
Schwierig wird es erst bei »Bringst du den Müll runter?«, »Räum den Geschirrspüler aus« und »Nein«.
@DrWaumiau

Ihr und eure Probleme. Ich habe gerade ein Brandloch in unsere Couch gemacht und meine Frau hat die Toleranz eines New Yorker Polizisten. @se7enben

---

Meine Frau zu den Töchtern: »Die coolen, schönen Typen heiratet man nicht, sondern die hässlichen mit Herz.«
Sie schläft heute auf dem Sofa! @Schlachtzeile

Wenn man eine Hochzeit rückwärts ansieht, weinen erst alle, dann küsst sich das Brautpaar, nehmen sich die Ringe weg und gehen glücklich weg. @Wassagtihrdazu

---

»Schatz, vorhin an der Raststätte hat mir eine Frau zugewunken, die sah aus wie du. Lustig, oder? Schatz? FUCK!« @Biobratwurst

---

Verheiratete Männer erkennt man daran, dass sie aus dem Duplo-Papier einen Strick basteln. @_ungenau_

Ich brauche keine Ballaststoffe. Ich bin schon verheiratet. @gallenbitter

---

»Schatz, wenn du guten Sex haben möchtest, solltest du mir offen sagen, was dir gefällt!«
»Ok. Der da drüben!« @RitaKasino

»Schatz, kann ich das anziehen?«
»Du hast es doch schon an!?«
»Ob ich damit rausgehen kann?«
»Probier einfach mal! Da ist die Tür!«
»ORR!« @Schlachtzeile

Mittwoch habe ich meine Frau gefragt, ob sie zugenommen hat. Sie hat sich aber seitdem noch nicht geäußert. @der_handwerk

---

»Hörst du mir überhaupt zu?«
»Geht mir genauso.« @gallenbitter

»Willst du ihn lieben und ehren in guten wie in schlechten Zeiten, bis dass der Tod euch scheidet?«
»Hmm … Wie lange hat er denn noch?« @s_ill_e

»Ich habe Tee für dich gemacht! Lässt du ihn noch ein bisschen rumstehen oder soll ich ihn gleich in die Spüle kippen?«
Ja, es ist Liebe. @RitaKasino

»Na, Schatz? Sex?«
»Mach mir den BH auf.«
»Ein einfaches Nein hätte gereicht.« @DrWaumiau

Das Schlimme ist, man heiratet ihren Musikgeschmack mit. @der_handwerk

---

Immer diese Angst, dass mein Mann eine Affäre anfängt und mit diesen ollen Unterhosen da aufkreuzt. Was soll da die andere Frau denken! @Pfefferine

---

»Was hast du am Wochenende gemacht?«
»Meine Frau bat mich, etwas in ihrer Tasche zu suchen!«
@RitaKasino

»Ich liebe dich.«
Jeopardy-Wartemusik @DrWaumiau

»Hab 'ne Stunde mit Marc telefoniert.«
»Wie geht´s ihm?«
»Weiß nicht.«
»Seine Frau wieder gesund?«
»Nicht gefragt.«
»Die Kinder?«
»Hat er?« @der_handwerk

»So´ne Fernbeziehung ist hart, oder?«
»Gibt Schlimmeres.«
»Zum Beispiel?«
»Beziehungen ohne Liebe, die nur noch aus Gewohnheit bestehen.« @s_ill_e

---

»Er hat mir, ohne mich zu berühren & mit mir zu sprechen, ein Lächeln ins Gesicht gezaubert.«
»Wie das?«
»Ist voll auf die Fresse geflogen.« @RitaKasino

»IHR KÖNNT NACH HAUSE FAHRN, IHR KÖNNT NACH HAUSE FAHRN, IHR KÖNNT, IHR KÖNNT NACH HAUSE FAHRN!«
Schwiegereltern verabschieden. Kann ich. @Schlachtzeile

Das heißt nicht mehr Schwiegermutter,
das nennt man jetzt Verwandschaftsverhältnis mit Komplikationshintergrund. @Schlachtzeile

---

»Ich liebe dich.«
»Meine Eltern kommen Weihnachten
trotzdem zu Besuch.« @DrWaumiau

PMS ist toll! Ich habe das Bett ganz für mich alleine, während meine Frau im Wald ein Reh reißt. @se7enben

---

Ich soll mehr über meine Gefühle reden. Dabei wusste schon Bud Spencer: Über Gefühle spricht man nicht. Man isst zusammen eine Pfanne Bohnen @hf_sports

---

Ich soll das Alter einer Frau raten. Die Geier kreisen bereits über meinem Haupt. @Biobratwurst

---

»Wo ist denn Deine Frau?«
»Wir haben uns getrennt…«
»Endlich, die alte Hexe…«
»…sie ist zu REWE, ich zum Bäcker!«
»Oh!« @Schlachtzeile

Mit anderen Müttern hätte ich auch schöne Töchter.
@prunio

Perfekt ist es übrigens, wenn man es mit dem Menschen, mit dem man alt werden möchte, schafft, jung zu bleiben.
@Schlachtzeile

Und kaum findet der Topf seinen Deckel steigt der Druck.
@gallenbitter

»Mama, die neue Freundin vom Papa
ist viel dünner als du.«
»Dümmer, Schatz. Das Wort heißt dümmer.« @namenlos4

Die Bild-Zeitung schreibt: Frauen sind pro Jahr 10 Tage schlecht gelaunt. Meine Ex schafft das in einer Woche
@hf_sports

»Wo habt ihr euch getrennt?«
»IKEA.« @RitaKasino

Sie hat das Auto, das Sofa, die Möbel, den Weihnachtsschmuck, das Geschirr, das Konto. Ich hab die Playstation. Ich sach ma: Unentschieden @hf_sports

---

Usain Bolt hat es gut.
Dem können die Frauen nicht davonlaufen. @prunio

»Die Rechnung, bitte!«
»Zusammen oder getrennt?«
»Es ist kompliziert.« @nutellagangbang

»Wir sind seit vier Wochen zusammen,
ich denke, es ist was Ernstes.«
Das einzige, was ich nach vier Wochen ernstnehme,
ist Durchfall. @jesscuster

Seid ihr auch mal nach Hause gekommen, eure ganze Wohnung war voller Pferdemist & an allen Wänden stand »Fick Dich!«?
Mein Exfreund schon. @Regendelfin

Am Ende investiert man ja doch immer so viel in eine Beziehung. Gefühle, Zeit, Nerven, Klebeband, Schaufel, Müllsack. @_ungenau_

Mittags mit dem kleinen König bei REWE. Muttis schenken mir den merkwürdigen »Oh, seine Frau muss tot sein«-Blick. Halb trauernd, halb geil @hf_sports

---

Wenn meine Freundin anruft, geh ich nie ran.
Die will eh nur Schluss machen. @emoprunio

Die Frau verbringt den fünften Abend damit, mit dem Schwager über seine Ehekrise zu telefonieren. Rufe im Hintergrund ständig »Trennt euch!« @GebbiGibson

---

Ex getroffen.
Er: »Wo ist das Kind?«
Ich: »Du hast es doch seit gestern.«
Er wird blass. Hat meinen Humor noch nie verstanden.
@namenlos4

Schlussmachen per SMS ist doch gemein. Flieg doch lieber mit ihr nach Thailand und versteck auf dem Rückweg Dope in ihrem Koffer @hf_sports

Schlussmachen per SMS ist doch gemein. Meld sie doch bei Frauentausch an und zieh dann um @hf_sports

---

»Am siebten Tag aber«, sprach Gott, »sollst du stundenlang deine Expartner googlen.« @GebbiGibson

---

Würden Herzen laut brechen, wäre die Menschheit sicherlich taub. @Wassagtihrdazu

---

Dich hätt ich früher auf meinem Lenker mitgenommen. Egal wohin @hf_sports

---

Menschen mit so gemütlichen Gesichtern, dass man Pantoffeln anziehen und für immer bleiben will. @akkordeonistin

---

Liebe Frauen, wenn ihr nicht für den Rest der Beziehung heimlich essen wollt, tut beim 1. Date nicht so, als würdet ihr nur Salat essen. @s_ill_e

---

»Du hast wundervoll designte künstliche Fingernägel! Bitte werde die Mutter meiner Kinder!«
Kein Mann. Jemals. @RitaKasino

Sitze im Kino neben einem knutschenden Pärchen.
So nah war ich einem Date noch nie. @emoprunio

»Wie kannst du pleite sein?
Du hast nicht mal eine Freundin!«
Meine Freunde haben ein Händchen für empathische Randbemerkungen am Abend. @jesscuster

---

Freunde heiraten und ich will meine Hochzeitsrede beginnen mit »Alles, was ich über Hochzeiten weiß, habe ich bei Game of Thrones gelernt«. @Pokerbeats

---

Wenn dich der Ehemann bei seiner Frau im Schrank erwischt, einfach die Kleiderstange festhalten und sagen: »Nächste Haltestelle, Narnia!« @_ungenau_

Das Pärchen gegenüber knutscht inzwischen zehn Minuten total versunken. Zu viel Glück ist auch langweilig, ich klau jetzt deren Hundewelpen. @jesscuster

---

Ich brauche eine App, mit der mir Leute angezeigt werden, die auch niemanden kennenlernen wollen.
@HausOhneFenster

»Bist du Single?«
»Ja!«
»Dann können wir mal zusammen weggehen!«
»Ach, ich hab ›Single‹ verstanden, sorry! Nein, ich bin nicht verzweifelt!« @Schlachtzeile

---

Ihr immer mit eurer Liebe. Ich wäre schon dankbar für Menschen, die ich ertrage. @t5a

---

»Findest du mich eigentlich toll?«
Ja, aber ich bin auch wirklich sehr einfach zu begeistern. @Wassagtihrdazu

---

Jaja, wo die Liebe hinfällt. Aber oft kann ich mir die Partnerwahl von Menschen nur durch den Wunsch nach einer Notfallniere erklären. @jesscuster

---

»Ich möchte dir mein Herz schenken!«
»Sorry, wir schrottwichteln nicht!« @RitaKasino

Jage und brate ein Tier mit bloßen Händen, um ihr zu zeigen, dass du notfalls die Familie ernähren kannst. Eventuell nicht ihre Katze. @jesscuster

---

99 von 100 Männern, mit denen ich rede,
denken, ich will flirten. Der eine, mit dem ich wirklich flirte, denkt, ich habe einen Schlaganfall. @Regendelfin

---

Lese seit Tagen Jane Austen und wäre jetzt bereit,
eine Reihe von Heiratsanträgen auszuschlagen.
@akkordeonistin

Dick? Dünn? Wirklich sexy macht Frauen eigentlich nur der Ausruf »ORRR, WIE UNREALISTISCH!!!«, wenn man gerade einen Liebesfilm guckt. @sechsdreinuller

---

Wir suchen doch alle diesen einen ganz besonderen Menschen, der uns so liebt wie wir sind. Oder unsere Kaution stellen würde @hf_sports

---

Ich hasse es, wenn Frauen so schöne Augen haben,
dass ich es nicht schaffe, ihnen auf die Brüste zu gucken.
@t5a

Mir gegenüber sitzt eine attraktive Frau, die ständig
auf ihr Handy schaut. Habe mich gleich in sie verliebt.
Wir haben so viel gemeinsam! @prunio

Früher:
Zu jedem Topf passt ein Deckel
Heute:
Deckel sieht scheiße aus
Topf ist ein Wok
Deckel wäre gern Topf
Topf hält sich für Bratpfanne @DrWaumiau

Darf man eigentlich als Single einen Jack-Wolfskin-Store betreten? @akkordeonistin

---

»Ich finde wohl nie eine Freundin.«
»Sag das nicht. Es gibt für jede Kloschüssel eine passende Brille.« @sechsdreinuller

---

Willst Du mit mir gehn?
❏ Ja
❏ Nein
❏ Geh doch schon mal vor @prunio

Es ist gewiss ratsam, stets ein gepacktes Köfferchen unterm Bett zu haben, für den Fall, dass jemand kommt und mit einem durchbrennen will. @akkordeonistin

---

Ich sage nicht, dass du keine sexuelle Anziehungskraft hast, aber wenn Sex Weihnachten wäre, dann wärst du der Grinch. @sechsdreinuller

---

Menschen, denen man niemals endgültig Lebewohl wünschen möchte, weil man sie einfach niemals loslassen kann. @Wassagtihrdazu

---

Wenn Vegas mitkriegt, wie viel Pech ich in der Liebe habe, komme ich in kein einziges Casino rein. @prunio

---

Wenn Frauen angeblich so schlecht einparken können, warum kriegen sie dann doppelt so viel Geschirr in die Spülmaschine geräumt? @der_handwerk

---

»Wer, wie, was? Wieso, weshalb, warum?«
Wer die Sesamstraße mag, wird Frauen lieben @hf_sports

Ach, ein Pax-Schrank, ein Bett, eine Küche und ein Garderobenschrank passen gar nicht in einen Corsa! Frauen. Immer. @Pfefferine

---

Das Internet vergisst nicht! Ich schließe daraus messerscharf: Das Internet ist weiblich! @Schlachtzeile

---

»Ich gehe mal eben Zigaretten holen.«
»Mit drei Koffern?«
(Wieso Frauen niemals unauffällig verschwinden könnten.)
@GebbiGibson

Frauen freuen sich ja zu Weihnachten auch über Selbstgebasteltes. Zum Beispiel Häuser und so'n Zeug @hf_sports

---

Warten gehört zum Leben:
1975 aufs TV-Bild
1990 PC fährt hoch
2000 loading image
2008 Update 3 von 14
2014 aufs 2. Häkchen
Immer auf Frauen. @Schlachtzeile

Ich habe den G-Punkt der Frauen endlich gefunden. Er versteckt sich am Ende des Wortes Shopping.
@Wassagtihrdazu

Männer schnarchen, um ihre Frauen vor wilden Tieren zu beschützen. Frauen haben kalte Füße, um die wilden Tiere direkt zu töten. @_ungenau_

Ich bin eine Frau, man muss mich nicht verstehen. Mir reicht es schon, wenn man mir nicht widerspricht. @s_ill_e

---

Wurde eigentlich schon einmal irgendwo auf der Welt eine Frau mit einem Laubbläser gesehen?
@akkordeonistin

Mein Sohn (3) hat ein Pflaster auf den Finger geklebt bekommen und erzählt, er wäre fast gestorben.
Er ist schon jetzt ein echter Mann. @RitaKasino

Echte Männer rauchen Johnny ohne Filter und sterben trotzdem nicht an Krebs. Sie sterben in Duellen. Manche rutschen auch im Bad blöd aus. @gallenbitter

---

Männer weinen nicht.
Sie essen Döner im Regen. @DrWaumiau

»Super! Pünktlich zum Wochenende
krieg ich 'ne Erkältung!«
»Ertrag es wie ein Mann.«
»Nee … So dramatisch ist es nicht.« @s_ill_e

In 'nem echten Männer-Kleiderschrank finden sich unter der obersten Lage Klamotten etwa sieben weitere, die Mann vorher noch nie gesehen hat! @Schlachtzeile

---

Nur kleine Mädchen benutzen eine Fahrradklingel. Echte Männer machen durch aggressives Hoch- und Runterschalten auf sich aufmerksam. @GebbiGibson

---

So'n Fußballspiel ist für Frauen, was für Männer 'ne Shopping-Sendung ist. Da laufen Leute planlos rum, was ein Typ mit Schal kritisiert. @Schlachtzeile

---

Geschenkeeinpacken ist das rückwärts Einparken der Frauen für Männer. @Wassagtihrdazu

---

Ich habe jetzt den 5. Tag in Folge Kopfschmerzen. Wäre ich ein Mann, hätte ich vermutlich schon »Gehirntumor« gegoogelt. @s_ill_e

---

»Papa, was ist der Unterschied
zwischen Männern und Frauen?«
»Männer riechen an ihren Socken, nachdem
sie diese ausgezogen haben!« @RitaKasino

Sie: Teeeeeeeeeeeeeeeeeeeext.
Er: ok.
Sie: Teeeeeeeeeeeeeeeeeeeext.
Er: yo.
Sie: Teeeeeeeeeeeeeeeeeeeext.
Er: jaha!
Wie Männer whatsappen. @t5a

Wenn eine Frau auf eine Nachricht nicht antwortet, ist sie sauer …
… Antwortet ein Mann nicht, ist er eingeschlafen …
@s_ill_e

Wenn Frauen auf einer Tastatur tippen, klingt das immer so melodisch. Bei Männern eher so HACK HACK LEERTASTE HACK HACK ENTER. @t5a

---

Alles begann mit einem leichten Kribbeln in der Nase … 24 Grippostad später, oder auch: Männer die erkältet sind. @Wassagtihrdazu

---

Auch viele Männer haben einen begehbaren Kleiderschrank. Heißt bei uns halt bloß Fußboden. @_ungenau_

Frauen verbringen durchschnittlich 3,2 Stunden
pro Monat auf der Toilette.
Männer scheißen auf das Komma. @DrWaumiau

Frauen wollen einen Mann fürs Leben. Und täglich neue Schuhe. Bei Männern ist das genau umgekehrt. @gallenbitter

---

In Bars werden Männern Rosen verkauft, die sie ihren Frauen als Entschuldigung mitbringen. Warum verkauft Frauen in Schuhläden niemand Bier? @GebbiGibson

---

#Familienglück

Nach jedem Besuch bei der Oma ist das Kind erzieherisch wieder auf die Werkseinstellungen zurückgesetzt >:(
@GebbiGibson

Wenn sich die Leute im Zug freiwillig wegsetzen, du mit einer verbeulten Laterne durch die Stadt trottest und nach Feierabend einen LEGO-Stein an den Kopf geworfen bekommst: Familienfreuden.

»Wieso kennen Sie sich so gut mit Erpressung aus?«
»Wir haben Kinder!«
»Willkommen in der Mafia!« @RitaKasino

Auf 2 Min. begeistertes »Laterne, Laterne« folgt »Papa, Arm« und du trottest 2 Std. mit 'nem verbeulten Mond in der Hand durch die Nachbarschaft @hf_sports

---

Erst wenn das letzte Kind im Bett ist, werdet ihr merken, dass der Tag noch lange nicht vorbei ist, weil das Haus aussieht wie Sau. @GebbiGibson

---

Das furchtbarste Geräusch der Welt ist das PLOCK des Schnullers, der um drei Uhr morgens aus dem Gitterbett fällt. @der_handwerk

---

Diese endlose Liebe, wenn dich dein 2-jähriger Sohn umarmt. Diese Ernüchterung, wenn du erkennst, er hat dich nur als Serviette missbraucht. @RitaKasino

---

»Kinder, mir fällt grad nichts mehr ein, womit ich euch noch glaubhaft drohen könnte, könntet ihr bitte trotzdem einfach ins Bett gehen?« @der_handwerk

---

»Mit wem spielst du denn in der KiTa am liebsten?«
»Mit den Autos.«
Die soziale Ader hat der Zweijährige von mir geerbt.
@GebbiGibson

»Dein Kindergartenrucksack ist irre schwer!
Was hast du da drin? Steine?«
»Ja.«
Was frag ich auch so blöd. @namenlos4

Immer wenn Eltern zu einem Kind sagen: »Du hast nur zu viel Fantasie!«, verliert eine Elfe ihre Flügel und legt sich schrecklich auf's Maul. @Schlachtzeile

---

Tochter meint, es wäre für den Zweijährigen als Feuerwehrfan sicher spannend, wenn es bei uns mal brenne.
Google »Brandschutzversicherung«. @GebbiGibson

Ich: »Wessen Pfannkuchen schmecken besser?
Mamas oder meine?«
Sohn, 7: »Kommt darauf an!«
Ich: »Worauf?«
Er: »Wer von euch beiden fragt!« @Schlachtzeile

Kind1 zu Kind2: »Du bist so doof!«
Ich zu Kind 1: »Das sagt man nicht. Entschuldige dich.«
Kind1 zu Kind2: »Tut mir leid, dass du doof bist.«
@sechsdreinuller

Kuscheltiere gewaschen, weil die Katze drauf gekotzt hat. Jetzt haben die Kinder die sauberen Tiere mit Farbe bemalt. Ich ziehe einfach aus. @namenlos4

Den Nikolaus gibt's nicht in echt!
»Gibt es wohl!« Nein! »Doch!«
Glaubenskriege unter Kindern sind friedlicher als die von Erwachsenen. @Wassagtihrdazu

---

»Mama, Papa! Wenn ich den Spinat aufesse, darf ich dann heute länger aufbleiben?«
»Wir verhandeln nicht mit Terroristen.« @gallenbitter

Sohn möchte mit Superman-Kostüm in die KiTa, will aber nicht hinfliegen. Ärgerlich, da kennt man Superman und muss mit der Bahn fahren. @RitaKasino

---

Die Antriebslosigkeit meiner pubertierenden Töchter ist so groß – kommen wir in einen Baumarkt, werden sie sofort für Mitarbeiter gehalten. @Schlachtzeile

Warum haben Kinder keinen Flugzeug-Modus? Spielen geht noch, aber es bleibt alles stumm! @sechsdreinuller

---

Mit leerem Kindersitz auf dem Rad unterwegs,
rufe ich ständig laut nach hinten: »Und hample nicht so rum, irgendwann fällst du noch raus!« @GebbiGibson

---

»Kinder, gelber Schnee wird nicht gegessen!«
»Warum?«
»Da hat jemand reingepinkelt.«
»Warum?«
»Weil er mal musste.«
»Warum?«
»Iss ihn halt.« @namenlos4

Meine 4-Jährige erklärt mir gerade, dass das Christkind die Geschenke zwar bringt,
kaufen müssten sie aber die Eltern. Verflixt. @gallenbitter

Packung Erbsen: 49 Cent.
Anzahl Legosteine auf Boden: ca. 500.
Aufsaug-Geräusch mit den Erbsen imitieren.
Gesicht von Sohn, 7: unbezahlbar. @Schlachtzeile

»Wie heißt deine Lehrerin mit Vornamen?«
Kind 2:«Frau?« @Pfefferine

Der Zweijährige hat herausgefunden, wie er YouTube auf dem iPad bedient und lebt jetzt autark. @GebbiGibson

---

Sitze im Zug. Ein kleiner Junge fragt mich, woher ich komme und wohin ich gehe. Noch so klein – und schon die ganz großen Fragen stellen. @akkordeonistin

---

»Mama, darf man am Penis ziehen?«
»Nur am eigenen.«
»Ich hab aber keinen.«
»Dann nur nach Aufforderung.«
Pädagogik kann sie. @der_handwerk

»Reserviert ihr eigentlich Sitzplätze in der Bahn?«
»Nein, wir haben Kinder. Die Leute setzen sich freiwillig weg!« @RitaKasino

---

»Du hast aber ein hübsches Kleid an.«
»Du hast Nasenhaare von hier unten.«
Die Freundin des Patenkindes wird mal viele Herzen brechen. @jesscuster

---

»Möchtest du noch ein Brot?«
»Hört sich gut an.«
»Du bist zwei. Es reicht, wenn du ›Ja‹ sagst.«
@GebbiGibson

Im Kinderzimmer sieht es aus, als wäre unter Hempels Sofa Schmitz' Katze explodiert. @der_handwerk

---

»Mama, kommst du mal? Es hat geklingelt.«
»Ich bin im Bad.«
»ICH KANN NICHT AUFMACHEN,
MEINE MAMA KACKT GERADE!« @namenlos4

Meine Kinder sind spitze im Suchen! Ihre Ausbeute:
145 Schoko-Eier
47 Hasen (14 lebendige)
2.421 Haargummis
1 Bernsteinzimmer
1 Atlantis @Schlachtzeile

Kind weint in der Nacht. Lege mich dazu. Morgens wacht er auf und fragt: Was machst du in meinem Bett? Hach, wie früher während des Studiums. @Pfefferine

---

»Papi, ich mag die Musik«
»Das ist David Guetta!«
»Ich mag David Guetta!«
»Schade, dass du schon mit fast 4 Jahren ausziehst!«
@RitaKasino

Die Kinder werden vor der Elternversammlung eingesammelt und erst am Schluss wieder rausgegeben. Wie Pfand. Damit man nicht früher abhaut. @namenlos4

»Will Lolli!«
»Klar. Süßes am Morgen.
Vielleicht noch Fernsehen dazu?«
»JA! FERNSEHEN!«
Mist. Der Zweijährige versteht ja noch keine Ironie.
@GebbiGibson

Kinder, die unserem Kind »Bastelset für die ganze Familie« zum 4. Geburtstag schenkten, betraten unsere Wohnung seinerzeit zum letzten Mal. @der_handwerk

---

Habe versucht die Kinder mit Waffeln und Kakao müde zu machen. Dann mit Keksen. Sie sind immer noch fit. Ab und zu kotzt eins. @namenlos4

»Wie heißt das?«
»Bitte?«
»Nein.«
»Danke?«
»Nein, Schatz. Möhre. Das heißt Möhre.«
Mein Sohn ist ein Pfosten. Ein höflicher Pfosten.
@der_handwerk

»ICH LIEBE DICH NICHT MEHR MAMA!«
»Du musst trotzdem Zähne putzen.«
»Aber ohne Liebe!«
»Meinetwegen.« @namenlos4

»Mama, wieso hat unsere Milch Fettarme?« @Pfefferine

Lese der Tochter griechische Sagen für Kinder vor. Das ist wichtig fürs Leben. Falls sie beim Scrabble mal das Y hat. @GebbiGibson

---

»Kinder im Bett?«
»Welche?«
»UNSRE!«
»Ach, die! Nein, ich hab am Spielplatz andere mitgenommen.«
»WAS?«
»Nur Spaß! Beide da!«
»DREI!«
»Oh!« @Schlachtzeile

»Unsere Kinder haben sich Haustiere gewünscht. Was können Sie da empfehlen?«
»Wie alt sind die Kinder denn?«
»3 und 1«
»Steine!« @RitaKasino

Mit Eis durch eine Kindergruppe laufen und es instinktiv nervös mit der rechten Hand abschirmen. Vielleicht habe ich einmal kurz geknurrt. @jesscuster

---

Die meisten Kinderkrankheiten lassen sich mit »Oooch, dann kannst du ja gar keinen Schokokeks essen« heilen. @GebbiGibson

---

Der Zweijährige hat heute Nacht zweimal gerufen,
um mitzuteilen, dass er noch weiterschlafen will.
Der lacht doch heimlich über uns. @der_handwerk

»Musste Opa auch Hausaufgaben machen?«
»Ja. Als er klein war schon.«
»Und jetzt ist er tot.«
Logik hat er von mir. @namenlos4

Tochter, 14, um 12 Uhr mal geweckt, »damit sie heute Abend nach dem Sandmännchen wieder einschlafen kann«.
16 neue Schimpfworte gelernt. @Schlachtzeile

Bestelle eine »unzerstörbare« Tupperdose. Höre den Einjährigen sagen: »Lass mich 10 Minuten mit ihr allein! Nur sie und ich. Keine Zeugen.« @GebbiGibson

Die Freude des Dreijährigen, im Biergarten des Restaurants ein Pipitöpfchen zu entdecken, war fast so groß wie der Unmut der Hundebesitzer. @der_handwerk

---

»Kann das lärmende Ding weg?«
»Das ist meine Tochter!«
»Ja oder nein?« @namenlos4

»Mama! Papa sagt, du hast Orangenhaut!«
»PFIRSICH! ICH SAGTE PFIRSICH!«
Warum es auch wichtig ist,
dass Ihr Kind sich mit Obst auskennt! @Schlachtzeile

Wir fahren jetzt zu IKEA und geben die Kinder zurück. @gallenbitter

---

Sohn, I, und ich sind zum Schluss gekommen, dass der Kindergarten und das Büro Montag morgen blöd sind und sitzen nun beide weinend im Auto. @RitaKasino

---

»Also zusammenfassend gesagt
kann es gar keine Tricks?«
Man sollte mir wirklich nicht erst einen Hund
und danach ein Baby zeigen. @jesscuster

Die Kinder schreien sich an: »Das ist meins!«
»Nein, meins!« Die Frau und ich sitzen daneben:
»Es sind deine Kinder.« »Nein, deine!« @GebbiGibson

Die Kinder spielen Versager, Mutter, Kind.
@der_handwerk

Morgens 2 Kinder fertig für die Schule machen und hinbringen ist überhaupt kein Problem. Moment.
3 Kinder. Ich muss noch mal zurück. @namenlos4

»Wir müssen echt heim, der Zweijährige ist müde.«
»Wie müde denn?«
»Er _hat zugegeben_, dass er müde ist.«
»Oh, oh, dann ist es ernst.« @GebbiGibson

»PAPA. PAPA! DER LUCHS RIECHT
WIE DEIN SPORTHEMD!«
Warum wir heute das letzte Mal im Zoo waren.
@der_handwerk

Da ist man früh auf der Arbeit, freut sich über den super Parkplatz, da piepst es von der Rückbank: »Mama,
ich muss doch in den Kindergarten« @namenlos4

Die Nachbarin erzählt mir von ihrem hochbegabten Kind, während ich versuche, meines Sohnes Hand wieder aus dem Briefkasten herauszubekommen. @Pfefferine

---

Der Tochter mühsam erklärt, was Kondome sind. Darauf die Frage: Und wozu gibt es die mit Bananengeschmack? Das wirft mich Lichtjahre zurück. @gallenbitter

---

Ein kleines Mädchen hat hier in 2 Stunden 3 Nickerchen gemacht. Dazwischen Kekse. Ich fühlte mich selten einem menschlichen Wesen näher. @jesscuster

---

Zum Glück geht die Tochter jetzt zur Schule und wir können ihr beschissenes Fluchen auf die verdammten anderen Kinder dort zurückführen. @GebbiGibson

---

Würden Kindern die Welt regieren, hätte jeder einen Panzer, wir hätten Krieg gegen Aliens und wer nervt, bekommt eine Schippe übergezogen. @namenlos4

Süß, wenn Eltern im Supermarkt auf der Suche nach unbelastetem Obst nicht merken, dass das Kind gerade die Griffe des Einkaufwagens ableckt. @GebbiGibson

---

In der Erziehung ist es das Wichtigste, dass die Eltern zusammen mit einer Stimme sprechen.
Da kann man viel lauter brüllen. @der_handwerk

Der Laternenumzug bei uns im Ort
ist ja das Wacken für junge Eltern @hf_sports

Erstaunlich, wie viel weniger Gescheiß wir um Kind 2 als um 1 machen. Einem dritten würden wir vermutlich nicht mal mehr einen Namen geben. @der_handwerk

---

Weil ich als Familienvater viel zu selten auf Konzerten bin, schütte ich mir abends gerne mal von hinten Bier über den Kopf. @RitaKasino

---

»Obwohl der König größer ist,
ist die Dame viel mächtiger, oder Papa?«
Also bei mir hat der Junge ausgelernt. @der_handwerk

Wie nennt man den in der Familie, der keinen Adventskalender bekommt? Mutter. @Pfefferine

---

Ah, endlich die Adressliste der Eltern der 1c.
»OK, Google: Zeige mir alles über den Arsch, der morgens immer mit dem SUV zum Bringen kommt!«
@GebbiGibson

»Bei uns ist Papa der Bestimmer. Er sagt, was gemacht werden soll. Mama sagt dann nur Ja oder Nein.«
@der_handwerk

Kind sagt, dass ich die beste Mama bin.
Mann murmelt was vom ADAC-Voting. @Pfefferine

Väter, die von sich selbst als »der Papa« sprechen.
Das Arschgeweih unter den Erziehungsberechtigten.
@Schlachtzeile

So ein Kindergeburtstag wird eigentlich erst scheiße, wenn die Abholeltern noch die Jacke ausziehen wollen.
@der_handwerk

»Wie hast du das Kindergeburtstagsfest mit 18 Kindern überstanden?«
»Mit Eistee.«
»Mit Eistee??!? Zitrone oder Pfirsich?«
»Long Island!« @RitaKasino

Neuer BMW? Neuer Benz? Neuer Audi? Quatsch.
In wirklich stolze Männergesichter blickt man,
wenn sie den Kinderwagen durch die Gegend fahren.
@sechsdreinuller

Wenn ich heimkomme, denk ich manchmal: »Krass!
Ich bin hier der Papa! Der Hausherr!« Dann krieg ich ein
Lego an den Kopf und es geht wieder. @GebbiGibson

Wenn Sie glauben, es gibt nichts Frustrierenderes als ihr
Sexleben, spielen Sie doch mal gegen eine Dreijährige
Memory. @der_handwerk

Alle sagen, dass ich tun soll, was mich glücklich macht.
Aber wenn ich die Kinder nicht auf die Schaukel lasse,
ist es auch wieder nicht richtig @Pfefferine

Immer, wenn ich von einem irren Serienmörder lese,
der nebenbei ein braver Familienvater war, denke ich:
Woher nimmt der bloß die Zeit? @bov

7.35 Uhr. Ich habe soeben eine aufwändige Feuerwehr-
wache aus Lego-Duplo errichtet und denke nicht, dass ich
heute noch besser werde. @der_handwerk

»Papi, du kannst gar keinen Turm bauen!«
»Dafür brauche ich keine Windel in der Nacht!«
Souverän. Kann ich! @RitaKasino

»Wollen wir die Kinder auffordern aufzuräumen, bevor sie schlafen gehen?«
»Dafür habe ich keine Kraft mehr.
Ich mache es lieber selbst.« @GebbiGibson

Das Schlimmste am Vatersein ist, wenn schon morgens Früh anhaltend rumgequengelt und rumgeheult wird. Wobei, heute hatte ich wirklich Grund. @der_handwerk

---

»Papa, habt ihr damals wirklich Scooter gehört?«
»Nein, das haben wir nur gemacht, damit keiner dahinterkam, wie cool wir wirklich waren.« @DrWaumiau

---

Bastelabend im Kindergarten. Hoffentlich bin ich nicht wieder die Einzige, die nach 15 Minuten mit Kleber in den Haaren in der Ecke heult. @namenlos4

Wenn wir nachmittags Sex planen, machen wir den Kindern ein Video an und sagen, wir schlafen mal 20 Minuten. Dann schlafen wir 20 Minuten. @der_handwerk

---

»Mein Sohn krabbelt, schläft durch und
spricht 20 Wörter.«
»Meiner hatte eine Erektion.«
Warum ich keine andere Mutter als Freundin habe.
@Pfefferine

Für meine Kinder ist es nur ein »MAMA! PAPA LIEGT WIEDER IM SANDKASTEN!!!«, aber für mich ist es der vielleicht kleinste Beachclub der Welt. @sechsdreinuller

---

»Ich war schon 10 km laufen! Wie hältst du dich fit?«
»Ich versuche morgens die Kinder anzuziehen!«
@RitaKasino

Als Vater macht man keinen Mittagsschlaf.
Man stellt sich tot. @der_handwerk

War mit dem Kind im Schwimmbad, damit es müde wird. Wir haben jetzt abgesprochen, dass es mich weckt, wenn es ins Bett muss. @namenlos4

Den Kindern zu Weihnachten was Selbstgebasteltes schenken, damit sie mal wissen, wie ich mich fühle.
@RitaKasino

Vater sein: Schlafentzug und Elternabende sind schlimm. Katastrophal ist, dass man bei »Happy Birthday to You« immer »Marmelade im Schuh« denkt. @der_handwerk

---

Während eine Mutter eine 5-stöckige Torte für den Kindergeburtstag gebacken hat, lege ich die gekauften Muffins liebevoll in die Tupperbox. @Pfefferine

---

20:25 Kinder endlich im Bett
20:30 Sex, Drugs & Rock'n'Roll (jeder 1 Bier)
21.25 alle schlafen @RitaKasino

Erst sagt der Rezeptionist, er will alles tun,
dass wir schöne Ferien haben, wundert sich dann aber,
als wir den 3-Jährigen bei ihm lassen @der_handwerk

Für-immer-Kind-**Spezial**

Wenn ich meine Eltern richtig verstehe,
wären sie sehr glücklich, wenn ich an Weihnachten zwischen 18–20 Uhr eine Freundin hätte. @prunio

Familientreffen wären viel cooler,
wenn ich bei der Mafia wäre. @eingenickt

Ich bin 39 und fürchte vor dem Besuch meiner Mutter, dass sie plötzlich sagt: »Soso, aufgeräumt. Dann will ich mal in den Schrank schauen!« @GebbiGibson

Optimist:
Das Glas ist halb voll!
Pessimist:
Das Glas ist halb leer!
Meine Mutter:
Das Glas passt nicht zur Tischdecke! @Regendelfin

Wer mir mein Handy klaut, bringt es spätestens dann wieder freiwillig zurück, wenn meine Mutter angerufen hat.
@_ungenau_

SMS von meiner Mutter erhalten: »Lieber Bruno, hast du dein Handy voll aufgeladen? Ich möchte dich kurz anrufen.« @prunio

---

Hinter jeder erfolgreichen Frau steht eine Mutter, die fragt, wie das jetzt eigentlich mit Enkeln aussieht. @Regendelfin

---

Zeit, die man bei den Eltern verbringt, misst man nicht in Stunden und Tagen, sondern in Kilo. @Pokerbeats

---

Stehe in meinem Saustall und mir wird bewusst: ›Mama ist in 48 Stunden zu Besuch hier!‹ So entstehen die meisten Haushaltsbrände. @GebbiGibson

---

Ich rief meine Mutter am letzten Muttertag an. Sie ist immer noch dran. @prunio

---

Egal, wie alt und cool du bist: Wenn Mutter sagt »Ach, mach doch was du willst«, hast du ein schlechtes Gewissen und machst, was sie will. @s_ill_e

---

»Christian, schön dich zu erreichen.
Was machst du denn gerade?«
»Ich putze das Bad.«
»Wer kommt denn zu Besuch?«
Meine Mutter kennt mich. @Pokerbeats

»Ich habe Tante Inge morgen zum Kaffee hier,
wäre schön, wenn du auch kommst.«
»Ich kann morgen nicht.«
»Um drei. Bis dann!«
Mütter. @GebbiGibson

Egal, wie alt und cool du bist. Wenn Mutter spontan vorbeikommen will, kriegste ´ne Panikattacke und schmeißt alles in irgendwelche Schränke. @s_ill_e

---

Schatz, ich rufe kurz meine Mutter an. Kannst du unterdessen die Kinder von der Schule abholen und sie großziehen? @prunio

---

Ich bin eher der rebellische Typ. Als meine Mutter heute angerufen hat, habe ich am Telefon sogar 2x ganz leise »Nö« gesagt. @_ungenau_

#ImLaufeDerZeit

Als Erwachsener ist man hauptsächlich müde. @namenlos4

Es wird nicht weniger wild, wenn man älter wird. Nur anders. Ein bisschen ruhiger vielleicht. Und mit mehr Tee als Tequila. Dafür bekommt man aber so viel Schokolade, wie man will …

Ich hoffe, jung zu sterben. Im Körper eines alten Mannes.
@Wassagtihrdazu

Mit 40 ist man ja schon froh, wenn man mal jemanden kennenlernt, der nicht grad für einen Marathon trainiert.
@der_handwerk

Erwachsensein ist so: Man weiß, dass man das lange Aufbleiben bereuen wird, und macht es trotzdem.
@namenlos4

Wehmütig an einem Spielplatz vorbeigehen, gucken, ob keiner schaut, kurz schaukeln, dann weitergehen.
@eingenickt

Gebe einem Freund die CD zurück, er fragt, ob die zurückgespult wäre. Lachen uns scheckig. Kind fragt, ob das wieder ein Alte-Leute-Witz sei. @Pfefferine

---

Als Kind denkste irgendwann, du seist zu alt und cool für Mittagsschlaf. Irgendwann wirste dann älter und müder.
@s_ill_e

Der Unterschied zwischen 40 und 20: Man hat immer noch keine Ahnung, ist deshalb aber nicht mehr beunruhigt. @der_handwerk

---

Auch wir hatten eine schwere Kindheit.
Kaum wuchsen uns die ersten Schamhaare,
waren sie nicht mehr im Trend. @prunio

Essen im Bett.
Sex unter der Dusche.
Lesen auf dem Klo.
Schlafen im Büro.
Punk ist nicht tot, nur anders. @DrWaumiau

In der Bahn erzählt ein Junge mit Ninjaschwert,
dass er zu einem Turtles-Geburtstag fährt.
Kindermontage sind besser als Erwachsenenmontage.
@Pokerbeats

Ich sehe heute so alt und müde aus. Gebrauchtwagenhändler klemmen mir schon Visitenkarten an die Sonnenbrille @hf_sports

---

In meinem Alter wünscht man sich natürlich nichts mehr vom DJ. Außer, er möge bitte etwas leiser drehen.
@GebbiGibson

Wir hatten ja früher nichts.
Als Kind hatte ich nicht einmal Sorgen. @RitaKasino

Plötzlich war ich erwachsen, und dabei war ich noch gar nicht fertig mit Spielen. @akkordeonistin

---

Egal, wie alt du bist, Geodreieck und Füller werden immer ein Raumschiff sein. @nutellagangbang

---

Obwohl mich immer weniger interessiert,
geht mir immer mehr auf den Sack. @der_handwerk

»Ich habe einen Bausparer und eine Riester Rente.
Was machst du für deine Zukunft, Christian?«
»Ich habe für morgen Steaks eingelegt.« @Pokerbeats

Die Schulzeit war die beste meines Lebens. Danach hab ich nie wieder einen Videowagen gesehen. Und Schwänzen war auch nicht mehr dasselbe. @DrWaumiau

---

Meistens ist man ja nicht zu alt,
sondern zu faul für den Scheiß. @s_ill_e

Dummerweise ist man ja, bis man weiß, wie alles so läuft, dann plötzlich auch schon alt. @akkordeonistin

---

Diese Unsicherheit, wenn man um 6 Uhr mit Rollköfferchen in der Bahn neben dem Besoffenen steht, ob man nun alles richtig oder falsch macht. @der_handwerk

---

Und irgendwann bedeutet Freiheit, dass man sonntags um 9:00 noch den Schlafanzug trägt und ihn auch vor 14:00 nicht auszieht. @sechsdreinuller

---

Aus mir ist vielleicht nichts geworden,
aber mein Tamagotchi lebt noch heute! @prunio

Hatte eben ein Kleinkind auf dem Arm. Es hat mich angestrahlt und »Oma!« gesagt. Dann ist es mir runtergefallen. @namenlos4

Rom 2005.
»Man, warst du schlank.«
Paris 2007.
»Mein Gott, hast du da noch viele Haare!«
Warum ich keine Urlaubsfotos mehr mache.
@der_handwerk

Bin wohl endlich in dem Alter, um sogar über am Fenster schimpfende Rentner zu schimpfen @hf_sports

---

Wisst Ihr noch früher, als man morgens fit und voller Elan aus dem Bett gesprungen ist? Ich auch nicht. @s_ill_e

---

Passwort fürs WLAN verlangt, Weinkarte bekommen. Und auch sonst erinnere ich mich gerne an den Fensterplatz im Englischunterricht. @prunio

---

Zu alt für One Direction.
Zu jung für die Flippers.
Eine klassische Win-Win-Situation. @DrWaumiau

Wenn ich nächstes Mal nach Zukunftsplänen gefragt werde, hätte ich gern, dass der Schwäbisch-Hall-Fuchs dabei sitzt und anerkennend nickt. @Pokerbeats

---

Irgendwie hab ich den Zeitpunkt verpasst, als sich ›Ey, geile Party, Alter!‹ zu ›War alles super lecker!‹ änderte. @der_handwerk

---

Das Tolle am »Erwachsensein« ist ja: Man kann so spät ins Bett gehen, wie man will. Das Drama ist: Man hasst sich am nächsten Morgen dafür. @s_ill_e

---

Schön, dass man im Alter ruhiger wird. Du regst dich nicht mehr über den Montag auf, sondern findest direkt die ganze Woche scheiße. @_ungenau_

Wenn ihr traurig seid, denkt einfach daran, dass ihr morgen keinen Mathe-Test schreiben müsst. @Pokerbeats

---

Ich würde uns nicht alt nennen,
aber es gibt eine Bravo Hits 77 @hf_sports

Das Geile am »Erwachsensein« ist ja, dass man einfach so beschließen kann, dass Schokolade sehr wohl ein adäquates Abendessen ist. @s_ill_e

---

Ich habe meine Jugend mit Erwachsenwerden vergeudet. @gallenbitter

---

Ich habe gerade 20 Packungen ›HARIBO Saure Pommes‹ auf Amazon bestellt.
Erwachsensein ist super. @Pokerbeats

Ich bin älter geworden.
Ich renne wegfahrenden Bussen nicht mehr hinterher.
Ich werfe mich auf den Asphalt und
simuliere einen Herzinfarkt. @DrWaumiau

Ich bin jetzt in dem Alter, wo ich mir nicht sicher bin, ob Frauen mit mir ausgehen oder nur über die Straße helfen wollen @hf_sports

---

Als Kind war jeden Tag Sonntag. Als Schüler jeden Tag Samstag. Als Student immer Freitag. Und dann war plötzlich ständig Montag. @gallenbitter

---

Früher: Samstag! Party! Dreh die Mucke auf.
Heute: Nimm mal die Batterie aus der Uhr, das Ticken macht mich wahnsinnig. @_ungenau_

Habe erfahren, dass mein Kindergartenfreund Marco, der bei seinen Eltern immer hinter die Couch gepinkelt hat, heute beim Ordnungsamt ist. @Pokerbeats

---

Vermissen Sie auch so dieses Gefühl Ihrer Kindheit, dass es samstags das absolut Größte war, dass man den ganzen Tag draußen spielen durfte? @DrWaumiau

---

#SchöneDigitaleWelt

»Wie spät ist es?«
»Sie haben keine Uhr?«
»Nein.«
»Kein Handy?«
»Nein.«
»iPod? iPad?«
»NEIN!«
»Dann muss es so kurz
vor der Kreidezeit sein!«
@Schlachtzeile

Ein Leben am Datenvolumen-Limit – und am Ladekabel. Zeit für Muße gibt es in diesen Zeiten nur, wenn man am Windows-Rechner sitzt.

Internet. Der Ort, an dem jedes Würstchen auch gleich noch seinen eigenen Senf mitbringt. @sechsdreinuller

---

Gestern Abend haben keine Kinder geklingelt und nach Süßem gefragt. Wahrscheinlich erledigen die das jetzt auch noch online. @Wassagtihrdazu

---

Smartphones wissen stets, wo wir sind. Lustigerweise beruht das aber nicht immer auf Gegenseitigkeit. @prunio

---

Die Experten streiten sich noch darüber, was zuerst da war. Das Internet oder die dummen Kommentare zum aktuellen Weltgeschehen. @DrWaumiau

---

Ich sehe einen Film, in dem sich 4 Leute seit 5 Minuten unterhalten und keiner hat auf sein Handy geschaut. Komplett unrealistisch. @Pokerbeats

---

Im Endeffekt sind wir durch das Internet immer nur ein paar Mausklicks von der gesammelten Perversion der Menschheit entfernt. @Wassagtihrdazu

---

1983. Mama zu mir: »Wenn dir Fremde Bonbons anbieten, geh nicht mit!«
2013. Ich zu Mama: »Wenn dir Fremde Links senden, klick nicht drauf!« @GebbiGibson

---

Das Internet ist wie ein Elefant. Es vergisst nichts und produziert jede Menge Scheiße. @gallenbitter

---

Internetprovider, die einem vorschreiben, was man wie viel nutzen kann. Hätte man ja auch gleich bei Mutti wohnen bleiben können. @DrWaumiau

---

Erst, wenn alle Zeitungen eingestellt sind, werdet ihr merken, dass man mit dem iPad keine nassen Schuhe ausstopfen kann. @RitaKasino

---

Früher, da hat das Internet die komischen Leute wenigstens noch von der Straße geholt.
Als es noch keine Smartphones gab. @bov

Auf der Baustelle gegenüber arbeitet einer ohne Helm. Um ihn zurückzubeeindrucken, deaktiviere ich das automatische Speichern in Word. @GebbiGibson

---

Wenn ein römischer Kaiser ein Selfie machen wollte, musste ein Bildhauer eine Woche auf einen Marmorblock einhacken. Das waren noch Zeiten. @MaoriHH

Wir wollten die Faust gen Himmel strecken, doch unsere Ladekabel waren zu kurz @hf_sports

---

Um überhaupt noch zwischen Job und Freizeit unterscheiden zu können, benutze ich in meiner Freizeit einen anderen Browser. @t5a

---

Wisst ihr noch damals? »Mach sofort das Internet aus, ich muss dringend telefonieren!!!« @DrWaumiau

---

Monatsanfang. Die älteren Kollegen freuen sich über das Gehalt auf dem Konto, die jüngeren darüber, dass sie wieder UMTS haben. @GebbiGibson

---

Wir hatten ja früher nichts… Nicht mal 'ne Autokorrektur…
…Da mussten wir unsere Fehler noch selber machen…
@s_ill_e

---

2 Wochen Urlaub ohne WLAN. Habe nette Menschen kennengelernt. Der eine sagt, dass wir verheiratet wären. Krass. @Pfefferine

---

Ostsee-Urlaub, Tag 7. Datenvolumen aufgebraucht. Vielleicht lasse ich mir von den Kindern mal das Meer zeigen, das soll hier irgendwo sein. @GebbiGibson

---

Unser Internet hat gestern den ganzen Abend nicht funktioniert und wir haben uns unterhalten.
Meine Freundin ist ganz nett. @nutellagangbang

Die Kinder streicheln seit Stunden irgendwelche Tiere in einer PetZoo-App am iPad. Unsere Meerschweinchen fühlen sich leicht verarscht. @gallenbitter

---

»Wenn Sie Gott eine einzige Frage stellen dürften, welche wäre das?«
»Wie ist denn hier das WLAN-Passwort?« @Regendelfin

Es heißt nicht Haut, es heißt Benutzeroberfläche.
@HausOhneFenster

»Was bedeutet für Sie Heimat?«
»WLAN-Empfang.« @gallenbitter

Windows ist so penetrant geworden, dass ich nur noch auf die Meldung warte: »Starten Sie den PC jetzt neu, oder wir rufen Ihre Mutter an.« @_ungenau_

DSL kaputt. Draußen zieht ein Gewitter auf.
So sieht sie aus, die Apokalypse. @GebbiGibson

Meine Surfgeschwindigkeit ist inzwischen so niedrig: Congstar schickt stündlich einen Boten, der mir grob erzählt, was im Internet los ist. @MaoriHH

Ich kann bei offenem Browserfenster nicht schlafen!
@eingenickt

»Chuck Norris hat bis unendlich gezählt. Zwei Mal!«
»Ja und? Ich habe meiner Mutter erklärt, wie man Bilder an E-Mails anhängt.« @Regendelfin

Der Mann hat ein Hotel ohne WLAN gebucht … Aber mal was Anderes: 1 ½ Jahre Beziehung sind genug, oder?
@s_ill_e

Das schönste Kompliment, das dir dein Gegenüber heutzutage machen kann, ist das Smartphone in der Tasche zu lassen. @RitaKasino

---

»Krass, das sieht aus wie ein Email-Symbol!«
»Das ist ein Brief.« @nutellagangbang

Diese wundervollen 3 Sekunden, wenn der Smartphone-Akku auf 100 % ist. @s_ill_e

---

Lese gerade: Internetsucht eventuell genetisch bedingt. Ja, ich weiß noch, wie Opa 1968 die Werthers Echten zwanghaft bei Amazon bestellte. @Schlachtzeile

---

7 Jahre verheiratet, aber meine Frau und ich geben uns immer noch Spitznamen. Ich nenne sie »Mausezahn« und sie mich »LEGDASKACKIPHONEWEG!«. @sechsdreinuller

---

WLAN zuhause, WLAN im Job, WLAN im Bus.
Man weiß ja heutzutage gar nicht mehr,
wohin mit seinem Datenvolumen. @t5a

---

6 % Akku. Gleich muss ich Zeitung lesen.
WIE SO EIN HÖHLENMENSCH! @se7enben

Ob Ihr wirklich richtig steht, seht ihr wenn 3G angeht.
@Wassagtihrdazu

Hab das WLAN meiner Eltern spaßeshalber mal in »Kein Netzwerk gefunden« umbenannt. @prunio

---

»Damit wir Ihre DSL-Leitung prüfen können, müssen Sie an drei Tageszeiten die Geschwindigkeit messen und bei Vollmond ein Einhorn fangen.« @GebbiGibson

---

Zersplitterte Smartphone-Displays sind die aufgeschürften Knie der heutigen Jugend. @DrWaumiau

---

»Wir hatten ja früher kein Internet« ist das
»Wir mussten im Winter 20 Kilometer barfuß zur Schule laufen« unserer Generation. @Pokerbeats

---

Gelesen: Schüler verbringen die großen Schulpausen nur mit Smartphones. Wir haben ja noch wie vernünftige Kinder die Pausen durchgeraucht @hf_sports

---

Zwei Dinge verursachen dem modernen Menschen Stress: ständige Erreichbarkeit und wenn er mal kurz kein Netz hat. @GebbiGibson

»Du bist so blass. Ist was passiert?«
»Ich hab mich gerade zu Tode erschreckt!«
»Was war denn?«
»Mein Festnetztelefon hat geklingelt.« @s_ill_e

»Hast du eben dein iPhone geküsst?«
»Hab da nur 'nen Fleck weggemacht.«
»Neee, das war eindeutig ein Kuss.«
»DAS KANNST DU NICHT BEWEISEN!« @Biobratwurst

Bei jedem elektronischen Gerät, das meine Eltern kaufen, steht in der Bedienungsanleitung offensichtlich: »Egal, rufen Sie Ihre Tochter an.« @Regendelfin

---

Opa hat vielleicht den Krieg erlebt, aber dafür nie einen Festplattencrash. @nutellagangbang

---

Kids in der Bahn, die sich whatsappen. Hab erklärt, dass man miteinander reden kann. DAS WISSEN DIE! Sie tippen nur besser als sie sprechen! @Schlachtzeile

---

Wenn Hänsel und Gretel ein iPhone gehabt hätten, wären sie nie ins Hexenhaus gegangen. Die Qype-Bewertungen waren miserabel. @sechsdreinuller

---

Beim Auspacken der Geschenke immer zuerst die Barcodes mit dem iPhone scannen und laut rufen: WAS DENN, SOOO BILLIG!? @t5a

---

Meine Eltern entstammen ja noch der Null-Blog-Generation. @Wassagtihrdazu

---

Alle Wege führen nach Rom. Und dann kam Apple Maps. @prunio

Statt einer App, die damit wirbt, dass man neue Leute kennenlernt, hätte ich lieber eine, die dafür sorgt, dass man in Ruhe gelassen wird. @Pokerbeats

---

In was für eine schreckliche Welt meine Kinder hineingeboren wurden! In eine Welt, in der Email-Adressen mit ihren Namen schon vergeben sind! @GebbiGibson

---

»Zu dir oder zu mir?«
»Hast du WLAN?«
»Nee, warum?«
»Dann zu mir.« @s_ill_e

Wenn ich will, dass das Bad frei wird, schalte ich WLAN aus. @Pfefferine

---

Mein DSL funktioniert täglich für 10 Minuten.
Immer dann ruft Vodafone an und sagt »Geht doch!
Dann können wir das Ticket ja schließen.« @GebbiGibson

Das Konzert war super. Ich konnte alles sehr gut auf dem iPad meines Vordermannes verfolgen. @nutellagangbang

---

»Ich würde dir wirklich alles leihen,
nur den Porsche nicht.«
»Darf ich dann mal dein iPhone …«
»Schlüssel liegen hier, ist vollgetankt!« @Regendelfin

Wisst ihr noch damals?
»Haben wir noch leere Disketten?« @DrWaumiau

Seit ich nun auch in meiner Wohnung WLAN nutze,
habe ich schon zwei neue Zimmer entdeckt.
@HausOhneFenster

Liebe Nerds, Opa ist schon seit 15 Jahren in der Cloud.
@gallenbitter

Da liegen 3 Eichhörnchen auf unserem Terrassentisch und rauchen einen Joint. Sie sagen, diesen Winter speichern sie ihre Nüsse in der Cloud. @Schlachtzeile

---

WAS? 80 CENT PRO JAHR FÜR WHATSAPP? DA IST MIR VOR SCHRECK BEINAHE MEIN GALAXY S3 IN MEINEN STARBUCKS KAFFEE GEFALLEN! @sechsdreinuller

---

Es ist bei Apps wie bei Menschen. Wenn sie mich dauernd fragen, wie ich sie finde, finde ich sie scheiße. @t5a

---

Zu Hause eine Steckdose neben dem Klo, auf der Firmentoilette nicht einmal WLAN. Irgendwas ist immer. @Wassagtihrdazu

---

Stirb Langsam 5: Bruce Willis spaziert nackt mit einem Samsung Galaxy S4 durch den Apple Campus. @prunio

---

Entfernung. Das Arschloch der Generation Internet. @DrWaumiau

---

Die heutige Jugend hat nie Geduld gelernt, weil sie nie mit dem Finger am Aufnahmeknopf vor dem Radio auf ihr Lieblingslied warten musste. @GebbiGibson

»Wie oft laden Sie Ihr Smartphone?«
»Ich verstehe die Frage nicht.«
»Immer wenn ich hier bin, hängt's am Kabel.«
»MAN KANN DAS ABMACHEN?« @s_ill_e

Ich habe 2 Smartphones. Mit dem Blackberry schreibe ich Emails, telefoniere und nutze Twitter. Das iPhone hab ich zum Laden @hf_sports

---

Zum ersten Mal seit 5 Jahren in der Mittagspause ohne iPhone spazieren gegangen. Unfassbar, was da in den letzten Jahren alles gebaut wurde! @gallenbitter

---

»Zu groß, zu schwer, technisch nicht up-to-date.
Was kostet es?«
»900 €!«
»Viel zu teuer!«
»Ist von Apple!«
»Ich nehme 3 in jeder Farbe!« @Regendelfin

Ach iPhones … Sie werden so schnell groß. @s_ill_e

»Was machst du am langen Wochenende?«
Ich muss meine Apps updaten.
»Und was noch?«
Ich verstehe die Frage nicht. @Wassagtihrdazu

Typisch: Kaum kaufte ich das Klavier,
gibt's schon das Klafünf. @prunio

Es geht doch nix über die 3 Sekunden am Monatsanfang, wenn das Konto noch im Plus und das Datenvolumen voll ist. @s_ill_e

---

Noch 7% bis »Scheiße, wo ist mein Ladekabel?«.
@DrWaumiau

---

iPhone, iPad und MacBook an das Stromnetz des Zugs angeschlossen. Fahrgeschwindigkeit prompt um 20 km/h gedrosselt. Föhne mein Haar später. @gallenbitter

---

Noch 2 Minuten
Noch 18 Minuten
Noch 38 Sekunden
Noch etwa 3 Minuten
Noch 2 Sekunden
Noch 14 Tage und 3 Stunden
Updates. Immer. @RitaKasino

Bill Gates wieder reichster Mensch der Welt! Er könnte die Schlagzeile sogar lesen, wäre sein Rechner nicht mit Update 4 von 29 beschäftigt. @Schlachtzeile

»Wie können wir die Plattform noch nerviger machen?«
»Wir könnten Videos jetzt automatisch abspielen lassen.«
»Super!«
Facebook-Entwickler
@Pokerbeats

Wie oft hätten Sie gerne Sex?
[ ] 1× pro Woche
[ ] 2× pro Woche
[ ] täglich
[ ] stündlich
[x] so oft wie Adobe seinen Reader updatet @RitaKasino

Nur noch 158 Updates, dann legt der DJ hier mit seinem Windows-Notebook auf. @prunio

---

»Du hast einen Wunsch frei.«
»Weltfrieden!«
»Leider unmöglich!«
»Einen Tag ohne Adobe Updates!«
»Gut, dann also Weltfrieden!« @RitaKasino

»Können Sie mit Word umgehen?«
;;Ja.˝ @nutellagangbang

»Computer neu starten?«
»Nein.«
»Jetzt?«
»Nein.«
»Jetzt?«
»Nein!«
»Jetzt?«
»NEIN!«
»Jetzt?«
»NEEIIIN!!!«
»Jetzt?«
Mein Windows und ich. @MaoriHH

Habe im Innenhof gehört, wie ein Nachbar einen alten Windows-Rechner hochgefahren hat und die Startmelodie mit Husten übertönen wollte. @Pokerbeats

---

Windows 8 ist wirklich übersichtlich. Um schnell ein Programm zu deinstallieren, muss man zum Beispiel bloß den PC verbrennen. @_ungenau_

»Sie beherrschen also die branchenübliche Software?«
»Klar, man!«
»Word?«
»Wooord, Alta!«
Brofistgeste* @t5a

Wenn das Internet ein Dorf ist, dann ist Facebook die Bushaltestelle, an der die Jugend rumhängt, Dosenbier trinkt und auf den Boden rotzt. @sechsdreinuller

---

Frau fällt hin und die Einkäufe kullern umher.
Früher: Kann ich helfen?
Heute: Foto machen und bei Twitter, Instagram und Facebook posten. @Wassagtihrdazu

---

Manchmal photographiere ich Naturdokus vom Fernseher ab und poste sie bei Instagram, damit man denkt, ich wäre wandern. @Pokerbeats

---

Facebook ist nicht dumm. Eure Freunde sind dumm. @nutellagangbang

---

Facebook: Mit meiner Mama Tretboot gefahren, toller Tag! Danke Mama!
Twitter: Ganzen Tag versucht, meine Mutter in der Alster zu versenken. @Regendelfin

---

Vielleicht wollen die auf Facebook auch einfach nur ihren Spiegel fotografieren und stehen nur aus Versehen im Bild. @se7enben

---

Habe drüben bei Facebook mal auf »alle Freunde anzeigen« geklickt. Hoffentlich landen sie alle im Knast. @prunio

---

Oh Gott. Man kann Twitter auf Facebook liken. Das is ja wie im Technoclub mitklatschen. @nutellagangbang

---

Die Facebook-Option »Mein Geschlecht in meinem Profil anzeigen« finde ich etwas schamlos. @prunio

---

SMS mit mehr als 140 Zeichen bekommen.
Erst mal ein Lesezeichen reinlegen. @eingenickt

Twitter ist wie'n Schulhof: Viele Cliquen, einige Sonderlinge, 2 bis 3 Oberlehrer und am Rand ein paar Typen, die dir was verkaufen wollen. @sechsdreinuller

---

»Gibst du mir den Keks?«
»Spinnst du?«
»Ach bitte!«
»Nein!«
»Ich verrate allen deinen Twitternamen!«
»Kaffee dazu?« @s_ill_e

Über die Prokrastinationsweltmeister in meiner Timeline wird unserer Nachwelt irgendwann die »Niegelungen-Sage« übermittelt werden @hf_sports

---

›Bekannt auf Twitter‹ ist ein bisschen wie ›schönster Postbote im Kaukasus‹. @DrWaumiau

---

Account löschen bringt gar nix. Schreibt eine Weile nichts, entspannt euch, überfahrt ein paar Katzen und zündet eure Wohnung an. @_ungenau_

#Unterwegs

Wenn man täglich Bahn fährt, ist Halloween auch nur ein Tag wie jeder andere @hf_sports

In S- und U-Bahn und unterwegs mit dem Zug:
So lernt man seine Mitmenschen erst richtig kennen.

In der U-Bahn die Sitznachbarin unterbrechen mit: »Das ist die langweiligste Geschichte, die ich je belauscht habe.« @MaoriHH

Diese Hilflosigkeit erwachsener Menschen, wenn der Bus hält, die Tür sich öffnet und zwei Menschentrauben sich unvermittelt gegenüberstehen. @akkordeonistin

---

Wenn die U-Bahn im Tunnel steht, scannt ihr doch auch automatisch, wer zuerst von der Herde getrennt und gegessen wird, oder? Wieder nur ich? @jesscuster

---

Nach 20 Min. Stillstand fährt die S-Bahn weiter. Die 1. Reihe reißt »Hui«-rufend die Arme in die Höhe und hinten links muss ein Junge spucken @hf_sports

---

Eine Bushaltestelle zu spät ausgestiegen. Um mir keine Blöße zu geben, schlendere ich erst in Fahrtrichtung weiter und renne später zurück. @akkordeonistin

---

Im letzten Abteil der U-Bahn sitzen immer die, die gerade noch rechtzeitig kamen. Ich werde also nie erfahren, was weiter vorne abgeht. @t5a

---

Als alter Rock'n'Roller lege ich mich in einer vollen S-Bahn gerne noch mal hin und lasse mich an der Endstation von der Menge raustragen @hf_sports

---

In der S-Bahn eingekreist von drei Kinderwagen und wirklich ALLE drei Insassen starren mich an. Fühle mich wie ein Reh im Scheinwerferlicht. @jesscuster

---

Wie überrascht doch einige Menschen immer wieder sind, dass es Fahrgäste gibt, die aus öffentlichen Verkehrsmitteln auch aussteigen wollen. @DrWaumiau

---

Ich werde den Verdacht nicht los, dass hinter sämtlichen Bussitz- und Bügelbrettbezug-Mustern ein einziger geschmackloser Designer steckt. @akkordeonistin

---

Liebe U-Bahn-Fahrgäste. »Zurückbleiben bitte!« ist keine Aufforderung an den Geisteszustand. @MaoriHH

»Nicht einsteigen«-Zeichen, wenn die U-Bahn ohne Halt durchfährt. Danke, ich wollte gerade aufspringen und mich durch's Dach nagen. @jesscuster

---

Immer wenn du denkst, jetzt passt aber wirklich keiner mehr in den Bus, kommt noch eine Frau mit einer Harfe. @akkordeonistin

---

Die Kunst, nachdem man knapp eine Bahn verpasst hat, so zu tun, als habe man eh nich einsteigen wollen. @t5a

---

Ich steige ja auch immer aus dem Bus aus und rufe: »Ich bin befördert worden!« @HausOhneFenster

---

Der Busfahrer hat an einer Haltestelle nicht angehalten. In kleinen Gruppen diskutieren wir den Fall, jemand beruhigt die Betroffene. @akkordeonistin

---

An der S-Bahn-Station.
Durchsage: »... besteht Ersatzverkehr.«
Mann im Anzug brüllt: »DEINE MUTTER BRAUCHT ERSATZVERKEHR!«
Applaus von allen. @Pokerbeats

Sitze im Bus. Eine Frau feilt die Nägel, ein Herr bindet die Krawatte neu, und ich bringe morgen eventuell das Bügeleisen mit. @akkordeonistin

---

Den Mann an der S-Bahn so lange hungrig angucken, bis er einem ein Schokoplätzchen anbietet. Gebt niemals auf, Freunde. Gebt niemals auf. @jesscuster

---

Menschen, die zur U-Bahn rennen, anhalten und fragen, ob sie wissen, dass die Teile im 5-Minuten-Takt fahren. @t5a

---

Das mag nicht mein stolzester U-Bahn Moment sein, aber der Donut war teuer und unter irgendeinen Sitz muss er ja gefallen sein. @jesscuster

---

Die kleine Oma im Bus kurz hochgehoben, damit sie sich an den Halteschlaufen festhalten kann. Jetzt hängt sie da, nuja. @t5a

---

Keine Enttäuschung ist größer, als sich eine Fahrkarte zu kaufen und nicht kontrolliert zu werden. @Pokerbeats

---

Ab wie viel Grad ist es gesellschaftlich akzeptiert, in einem Outdoor-Schlafsack mit Augenlöchern niedlich hoppelnd die U-Bahn zu wechseln? @jesscuster

---

Wer glaubt, dass Ballerspiele aggressiv machen, sollte mal Bahn fahren. @s_ill_e

---

Der Zug, den ich um 2 Min. verpasst habe, fuhr pünktlich ab. Der nächste Zug, auf den ich nun warte, hat 10 Min. Verspätung. Sie kennen das. @MaoriHH

Die Reservierungsanzeige im Zug ist ausgefallen. Pure Anarchie. Jeder kämpft mit allen Mitteln, ich täusche erfolglos ein Holzbein vor. @jesscuster

---

Zug hat 135 Minuten Verspätung. Einige Reisende holen aber Zeit auf, indem sie schon 'ne Stunde vor Hamburg an der vordersten Tür warten @hf_sports

---

Die Verspätung wird immer größer. Die verdammten Bonzen aus dem Erste-Klasse-Abteil sind sicher schon pünktlich zu Hause angekommen. @GebbiGibson

---

Sitze im Zug. Eine alte Frau sagt, ihr Anton selig habe immer gesagt, beim Rückwärtsfahren könne man etwas Schönem noch lange nachschauen. @akkordeonistin

---

Immer wenn die Schaffnerin »Hier noch jemand zugestiegen?« fragt, zeige ich unauffällig auf den Nachbarn. Seine achte Kontrolle läuft grade. @Schlachtzeile

---

Sitze in einem Zug. Wie so ein Typ,
der sich keinen Privatjet leisten kann. @prunio

Bahn ist wie Achterbahn. Warten, Gedrängel, Aufregung, Gekreische. Und ab und zu kotzt einer während der Fahrt. @DrWaumiau

---

In der Bahn wird nur ungekühlte Cola verkauft. Preis eines Rotweins, Temperatur eines Rotweins. @MaoriHH

Bin sehr dankbar für die »In Fahrtrichtung links aussteigen«-Ansage, wenn die Bahn schon steht. Wollte gerade mit dem Nothammer rechts raus. @jesscuster

---

Wir haben einen aus dem Zugabteil in den Ausguck geschickt. Immer wenn er ruft »Funkmast in Sicht!«, ziehen alle ihre Handys. @GebbiGibson

---

Dass unser ICE gerade links von einer S-Bahn überholt wurde, ist ja auch ein Sinnbild für meinen Tag. @jesscuster

Eine Frau senkt auf einmal ihre Stimme, und wie sie nun flüsternd weitererzählt, ist der gesamte Speisewagen hellhörig geworden. @akkordeonistin

Schnarchender Nebensitzer ist panikartig ausgestiegen, als ich behauptete, wir sind in Osnabrück. Hat hoffentlich 'ne schöne Zeit in Bremen! @Schlachtzeile

Eine Monatskarte für die Bahn kaufen und wegen Streiks dauernd mit dem Auto fahren müssen. Auch das ist Deutschland. @Wassagtihrdazu

In der Bahn urplötzlich aufspringen, »SEID IHR ALLE GUT DRAUF!?« brüllen, allen High Five geben und souverän zum WC schreiten. @MaoriHH

»Wir haben die gleiche Sitzplatzreservierung. Da gab es eine Doppelbuchung. Was machen wir denn jetzt?« »Kennen Sie ›Reise nach Jerusalem‹?« @GebbiGibson

Unser Zug ist so voll, der schreibt bestimmt gerade eine SMS an seine Ex. @prunio

Ich glaube, mein Laptop verbraucht zu viel. Immer, wenn ich das Netzteil an die Steckdose anschließe, wird der Zug langsamer. @MaoriHH

Zierliches Mädchen packt in der Bahn zwei riesige Mettbrötchen aus. Mitreisende schnuppern entsetzt. Ich nicke ihr solidarisch zu. @jesscuster

---

Hinter mir kaut jemand Kaugummi, als würde ein Frettchen im Morast steppen. Das Bild tröstet mich. @MaoriHH

Im Flieger den Sitznachbarn einfach mal fragen: »Und, wohin fliegen Sie?« @hf_sports

---

Auf dem Autobahnschild: Osnabrück, Paderborn und Bielefeld. Das sogenannte Werlebtda-Dreieck. @MaoriHH

Düsseldorf. Nieselregen. Bin der Einzige ohne Schirm. Der letzte Hamburger mit nem Schirm war Mary Poppins und hat damit das Kiten erfunden @hf_sports

---

Wir sind in Bremen, bekannt fürs Tierestapeln. @MaoriHH

#Isso

Die Grenze des guten Geschmacks ist leider unbewacht. @gallenbitter

Es gibt Sprücheklopfer, Phrasendrescher und Wichtigtuer. Und es gibt die Menschen, die ganz klar erkennen, was ist. Den folgenden Beobachtungen und Erfahrungen ist wirklich gar nichts hinzuzufügen: Nichts ist erhellender als die Wahrheit.

Es macht übrigens viel wacher den Kaffee über die Tastatur zu schütten, als ihn zu trinken. @s_ill_e

---

Das Tolle an Energiesparlampen ist ja, dass es 30 Minuten dauert, bis du weißt, ob ein Einbrecher oder deine Kinder vor dir stehen. @RitaKasino

---

Nach ewigen Zeiten mal wieder vier Tage das Radio laufen lassen. Fazit: Ich höre alle drei Lieder voll gerne @hf_sports

---

Erkenntnis nach dem Urlaub. Gebräunte Haut wiegt 3 kg mehr. Sehr erstaunlich. @Pfefferine

---

»Mensch ärgere dich nicht!« gilt erst als zu Ende gespielt, wenn einer das Brett umwirft und »Ich hasse euch alle!« schreit. @GebbiGibson

---

Die Zeit in Warteschleifen kann man auch sinnvoll nutzen: Etwas essen, abwaschen, in den Urlaub fahren, ein Haus bauen. @_ungenau_

Man wird geboren, muss ein Paket bei der Post aufgeben und dann stirbt man auch schon. @Pokerbeats

Eben überlegt am Flughafen einen Cappuccino zu bestellen. Stattdessen beschlossen, die Familie zwei weitere Monate zu ernähren. @RitaKasino

---

Hier nun einer für alle »coolen Player« unter Ihnen, die gerade unterwegs sind: Wie sicher bist Du Dir, dass der Herd auch wirklich aus ist @hf_sports

---

Ich: »Hallo, Internet. Habe so komische Kopfschmerzen. Ist es Krebs?«
Internet: »Nicht nur.« @gallenbitter

»An was für ein Auto hatten Sie denn gedacht?«
»Einen SUV.«
»Diesel oder Benziner?«
»Das ist egal, ich fahre damit nur zum Bäcker.«
@_ungenau_

»Lass uns die Dinger so konstruieren, dass ein kleiner Furz so laut wie der Urknall wird.«
WC-Hersteller. Immer. @RitaKasino

Zu viel getrunken hat man erst, wenn einem die Autokorrektur mehr hilft, als dass sie stört. @der_handwerk

---

US-Forscher einig: Das Tragen weißer T-Shirts erhöht den Appetit auf Spaghetti Bolognese. @MaoriHH

Ist es in Deutschland eigentlich verboten, einen Friseursalon ohne Wortspiel im Namen zu eröffnen? @Pokerbeats

---

Statt diesen Lachs im Biomarkt zu kaufen, hätte ich finanziell gesehen auch nach Alaska fliegen und ihn angeln können. Champagner trinkend. @der_handwerk

---

Es ist übrigens kein offizielles Gefühl, wenn es dazu nicht eine ebenso benannte Tee-Kreation gibt! @sechsdreinuller

---

Bist du glücklich, hörst du die Musik. Bist du traurig, verstehst du die Texte.
Außer bei Scooter. Da ist immer nur
»How Much Is the Fish«. @Regendelfin

Pro-Tipp: In Deutschland fährt man besonders verbrauchsarm, wenn man sich auf der linken Spur von einem BMW schieben lässt. @prunio

---

In der Hölle gibt es jeden Morgen kalten koffeinfreien Instantkaffee. @DrWaumiau

---

Kokos. Das Arschgeweih unter den Düften. @Pokerbeats

»Wie verhütest du?« »Beige Übergangsjacke.« @s_ill_e

Für Kunden gibt es die Sendungsverfolgung.
Paketboten haben eine App, die anzeigt,
wann du duschen oder auf Toilette bist. @_ungenau_

Ich würde ja öfter ins Kino gehen, aber da laufen ständig nur Wiederholungen aus dem Internet. @Biobratwurst

---

§1, Abs. 1, Straßenverkehrsordnung:
Schuld ist immer der Andere. @nutellagangbang

Wie man das Spülmaschinen-Sieb reinigt:
1. Spülmaschine öffnen
2. Sieb ansehen
3. Kotzen
4. Wohnung anzünden
5. Stadt verlassen @RitaKasino

Das iPhone 5 kommt mit einer extrem verbesserten Kamera. Sie erkennt automatisch jeden Badezimmerspiegel & macht dann Fotos von schräg oben. @Regendelfin

---

Selfies nannte man früher auch »Niemanden gefunden, der mit mir in den Urlaub fährt«. @MaoriHH

Die Klimaanlage hier kennt zwei Stufen:
1. Tod durch erfrieren
2. Flammendes Inferno. @Wassagtihrdazu

Schaue einen Film. Ein Typ hat die Wohnung verlassen, ohne noch dreimal nachzusehen, ob er den Ofen ausgemacht hat.
Komplett unrealistisch. @Pokerbeats

Im Film sind Frauen beim Aufwachen schon perfekt geschminkt, Angerufene melden sich immer nach 1× Klingeln und Geiseln müssen nie aufs Klo.
@akkordeonistin

89% aller Opfer von Hotelbränden sterben, während sie sich in den Feueralarm-Fluchtplan vertiefen.
@der_handwerk

Nach dem Higgs-Teilchen wurde sehr lange gesucht. Bestimmt arbeitete es in einem Baumarkt. @prunio

---

Schockbilder auf Zigarettenschachteln? Meinetwegen. Aber wo bleiben die Warnhinweise für Alkohol, Schokolade, Privatfernsehen & Schlager-CDs? @DrWaumiau

---

Das Putenfleisch für 95 Cent hat sicher gute Qualität. Schließlich ist eine Deutschlandflagge auf der Verpackung. @Pokerbeats

---

Entschuldigung, kennen Sie sich aus oder arbeiten Sie hier? Warum sie mich bei Saturn hassen. @t5a

---

Ich habe gerade am HBF ein Wasser gekauft und bin mir ziemlich sicher, eine Anzahlung auf den Erwerb einer Heilquelle geleistet zu haben. @jesscuster

---

»Komm, wir schreiben einfach ›Wiederverschließbar!‹ drauf!«
»Au ja, hihi.«
Der Running-Gag aller Käse- und Wurst-Verpackungsdesigner. @der_handwerk

---

Keine Illusion ist größer als die, dass sich durch Zähneputzen kurz vorm Zahnarzttermin irgendetwas verbessern wird. @Pokerbeats

---

»Guten Tag, Herr Doktor, Ich habe Grippe.
Hätten Sie einen Termin für mich?«
»Klar, 15.7.2017, 9.00.«
»Geht's nicht früher?«
»8.00?« @RitaKasino

Die Dinosaurier sind doch garantiert an einem Montag beim Arzt im Wartezimmer ausgestorben. @_ungenau_

Die 3 größten Verpackungslügen:
1. »Absolut gefühlsecht«
2. »Reicht für 4 Personen«
3. »Ohne Zucker« @nutellagangbang

Diebe stehlen Ware im Wert von 12.000 €
aus Bio-Markt in München-Schwabing.
Wie sie mit den 3 Litern Olivenöl entkommen konnten, ist unklar. @Regendelfin

---

Irgendwann werden die Fernseher so groß sein, dass wir an einer Stelle einen Nagel reinhämmern, um ein Stück Wand daran aufzuhängen. @MaoriHH

›Hm, dieser Radiosender betont nach jedem Lied fünf Minuten lang, dass er der weltbeste Sender wäre. Das überzeugt mich.‹
Niemand. Jemals. @GebbiGibson

»Papi, warum muss man Schnee schieben?«
»Er macht das Ausrutschen nahezu unmöglich, deshalb legt man die darunterliegende Eisschicht frei.« @t5a

---

Es heißt übrigens nicht mehr »Bad Taste«-Party, sondern »Berlin-Mitte«-Party. @sechsdreinuller

---

Zwischen den Zwischenmahlzeiten, die es zwischen den Hauptmahlzeiten gibt, gibt es bei meinen Eltern immer noch Snacks und Kuchen. @Pokerbeats

---

Fastfood: nach 1–2 Stunden wieder Hunger.
Essen bei Oma: nach 5–8 Tagen wieder Hunger.
@RitaKasino

Ich will ja nicht protzen, aber ich habe mir am Flughafen gerade ein Wasser gekauft. @prunio

---

Kastanien. Die Hooligans unter den Bäumen. @MaoriHH

Was man am Sonntag nicht im Bademantel erledigen kann, kann locker bis Montag warten. @Pokerbeats

---

Im Saturn gesehen, dass Playstationspiele jetzt 60 Euro kosten. Spinnen die? 60 Euro? Das sind ja vier Café Latte @hf_sports

---

»Kalt, kalt, kalt, kalt, kalt, kalt … Oh, so langsam wird's HEISS! AAARGH! HEISS! Warm, kalt, kalt …«
Duschen in Ferienwohnungen. Immer. @sechsdreinuller

Im Kino Nachos geholt. Ratenzahlung bis 2024 vereinbart. @MaoriHH

Vor der Sintflut dachten wahrscheinlich auch alle: Wahnsinn, was für ein scheiß verregneter Mai. @Wassagtihrdazu

---

Es ist nicht zufriedenstellend, im Restaurant Gespräche fremder Menschen mitanhören zu müssen, ohne Zwischenfragen stellen zu dürfen. @akkordeonistin

---

Egal, wie alt oder cool du bist: Wenn dich ein Kind dabei erwischt, wie du bei Rot die Straße überquerst, lässt du dich überfahren. @prunio

---

Der schmale Grat zwischen Fashion und Fasching.
@nutellagangbang

Wenn sich überhaupt einer noch mehr über das Elend anderer freut als Bestatter, dann Verpackungsdesigner.
@MaoriHH

Warum ist man heutzutage »mit einer anderen Meinung« immer gleich ein »Feind«, und nicht einfach jemand »mit einer anderen Meinung«? @gallenbitter

---

Diese Angst beim Warten am Postschalter vor Erschöpfung umzufallen und von den anderen Kunden gegessen zu werden. @_ungenau_

»Ich mag Brokkoli, Spinat und Rosenkohl.«
Ein Satz, der fast dieselbe Wirkung hat wie:
»Ich bete Satan an und esse kleine Kinder.« @DrWaumiau

Meine neuer Design-Duschkopf hat 5 Level:
1. Ich merke nix
2. Ich merke nix
3. Ich merke nix
4. Ich merke nix
5. Schädelbasisbruch. @Regendelfin

Es gibt so Tage, da würde man gerne einfach einen großen Schluck aus dem Desinfektionsmittelspender nehmen. @Pokerbeats

---

Top 5 der Dinge, die immer wieder total überraschend kommen:
5. Paketbote
4. Eltern
3. Erkältung
2. Weihnachten
1. Sommer @_ungenau_

Wenn die Aliens uns dabei erwischen, wie wir Gurken einschweißen, können wir uns über eine totale Vernichtung auch nicht beschweren. @MaoriHH

Ich muss zur Post. Habe vorsichtshalber einen Schlafsack, Proviant, einen Stapel Bücher und Rätselhefte dabei. Man lernt schließlich dazu. @Pokerbeats

---

– Apple oder Android
– Nikon oder Canon
– Mercedes oder Audi
– Butter oder Margarine
Wer keine echten Probleme hat, darf hier gerne zugreifen. @DrWaumiau

---

Ende des Monats ist, wenn du nachts zum See gehst und den Enten das Brot klaust. @_ungenau_

Zwischen Lesen und Antworten gehört gemeinhin Verstehen. Das ist wie mit dem Gürkchen in der Rindsroulade. Geht auch ohne, ist aber falsch. @DrWaumiau

---

Den Montag zu hassen ist ja das Einzige,
was uns vom Tier unterscheidet. @Pokerbeats

Wenn man entgegengesetzt der Pfeilrichtung durch den Ikea läuft, sehen die Pärchen alle noch glücklich aus. @_ungenau_

Besitz belastet. Den Rücken. Beim Umzug. @MaoriHH

»Was qualifiziert Sie zum Hausverwalter?«
»Nichts.«
»Wir melden uns.«
»Ich werde nicht rangehen.«
»Sie haben den Job.« @Pokerbeats

Handwerker, die »14 Uhr« sagten, meinten auch:
– Tagsüber
– Oder nachts
– Oder nie
– Mal sehen
– Da kann ich nix machen
– Nur Barzahlung @MaoriHH

Schaue Transformers. Total unrealistisch.
Eines der Roboter-Autos ist kaputt und kein Mechaniker sagt »Das Ersatzteil muss ich bestellen«. @Pokerbeats

---

»Sie sind 2 Stunden zu spät zum Vorstellungsgespräch erschienen und haben kein Problem damit?«
»Nein!«
»Willkommen bei der Deutschen Bahn.« @RitaKasino

»Wir laden Sie zum Vorstellungsgespräch als Telekom-Techniker ein.«
»Da war ich schon und habe niemanden angetroffen.«
»Sie haben den Job!« @Pokerbeats

»Ich habe keine Ahnung, wie man eine Klingel betätigt. Aber Zettel an Türen kleben kann ich gut.«
»Sie haben den Job bei DHL!« @nutellagangbang

Hab mich bei Hermes beworben und bin extra zu spät zum Vorstellungstermin gekommen, um auf meine Kernqualifikation hinzuweisen. @HausOhneFenster

---

»Jetzt ist Vorstellungsgespräch. Wo sind Sie?«
»Ich komm erst in 5 Tagen. Und geh dann ins Nachbarhaus.«
»Sie haben den Job als Hermesbote.« @Pokerbeats

Meine Internetverbindung ist so langsam, die Datenpakete werden hier wohl von Hermes zugestellt. @Wassagtihrdazu

---

»Besondere Qualitäten?«
»Ich habe Angst vor Klingeln und kann kein Auto fahren.«
»Willkommen bei Hermes! Wann können Sie anfangen?« @sechsdreinuller

---

Im Media-Markt aus Versehen einen Verkäufer angerempelt, der mich dann auch direkt beraten wollte. So schaltet man die also ein. @_ungenau_

Wenn man mal einen Verkäufer im Baumarkt gefunden hat, muss man ihn Football-mäßig auf den Boden schmeißen und: »Hab dich!« brüllen. @eingenickt

---

»Ich möchte mein Hobby zum Beruf machen.«
Welches Hobby?
»Schlafen!«
Perfekt. Willkommen bei unserer Störungshotline für Privatkunden. @Wassagtihrdazu

---

Brauche was vom Finanzamt.
Rufe 5× erfolglos beim Finanzamt an.
Das Finanzamt ist täglich nur bis 13:00 offen.
Bewerbe mich beim Finanzamt. @Pokerbeats

»Ich hab Philosophie studiert.«
»Und, was ist der Sinn des Lebens?«
»Credit Points.« @nutellagangbang

Dinge, die man nie vergisst:
– Wo man am 11.9.01 war
– Den ersten Sex
– Die Geburt der eigenen Kinder
– P. Sherman, 42 Wallaby Way, Sidney @sechsdreinuller

Einfach mal ehrlich sein und bei McDonald's auf »Was möchten Sie?« mit »Urlaub« antworten. @prunio

---

Es ist alles ganz anders, wenn man denkt. @HausOhneFenster

Wer glaubt, Einsamkeit sei das schlimmste Gefühl der Welt, ist noch nie barfuß auf eine Nacktschnecke getreten. @RitaKasino

---

Das Schöne ist, wenn man den Müll sehr selten wegbringt, hat man auf dem Weg zur Tonne immer jemanden zum Reden. @Pfefferine

---

Ein Bayern-München-Trikot wirkt in Norddeutschland sympathisch wie ein »Eure Armut kotzt mich an«-Shirt im Urlaub in der Dritten Welt. @GebbiGibson

---

Nicht, dass dieser Sommer verregnet wäre, aber das Reisebüro hat angerufen und meinte, die AIDA könne mich dieses Jahr zu Hause abholen. @Biobratwurst

---

Es heißt Schlager, weil es mit Gewalt zu tun hat. @Biobratwurst

Alkohol trinken ist im Grunde dasselbe wie Türen knallen, nur viel reifer. @nutellagangbang

Die Weihnachtsfeier.
Das Springbreak der Deutschen. @Pokerbeats

An Weihnachten schlafen wir immer am Tisch, da es sich nicht lohnt, zwischen den Mahlzeiten aufzustehen @hf_sports

Der Grat zwischen Weihnachtsbeleuchtung und »Willkommen im Nachbarschaftspuff« ist oft nur sehr schmal. @s_ill_e

Der Nächste, der behauptet, die Weihnachtszeit sei ruhig und besinnlich, bekommt meinen gefüllten Terminkalender in DIN A3 quer eingeführt. @Biobratwurst

Weihnachtsmarkt – Das Wacken der Bürofachangestellten. @sechsdreinuller

So mancher Kopf schmerzt morgen, als hätte er bei Dinner for One mitgespielt. Als Tiger. (Silvester) @prunio

Kaffee, Schokolade und Bier sind sogenannte Überlebensmittel. @sechsdreinuller

---

Das R und das L auf Kopfhörern steht übrigens für »Rettet Leben«! @sechsdreinuller

---

Das Musical »Das Phantom der Oper« wird aus umgangssprachlichen Gründen in »Der Oper ihr Phantom« umbenannt. @HausOhneFenster

---

Liebe Brauerein,
Birne-Ingwer? Kaktusfeige? Pink Grapefruit?
STOPPT BIERVERSUCHE! JETZT!!!
Hochachtungsvoll,
Menschen mit Geschmack @sechsdreinuller

Damals, als es nur zwei davon gab, hätte Noah nicht auf der Arche irgendwie versuchen können, diese verkackten Spinnen loszuwerden? @Regendelfin

---

Das einzige Argument gegen Bart ist Dönersauce. @t5a

Missverständnisse. Hach!
Sie werden so schnell groß. @DrWaumiau

»Wann kommst du nach Hause?«
– Sofort (30 Minuten)
– Gleich (2 Stunden)
– Trinke noch ein Bier (6 Stunden)
– Hole kurz mal Zigaretten (Nie) @gallenbitter

Naturgesetz: Wenn man sich in der überfüllten Bahn denkt: »Puh, ziemlich überfüllt!«, dann steigt immer noch eine komplette Grundschule ein. @Pokerbeats

---

Mitbewohner-**Spezial**

Du hast erst dann wirklich ein Fruchtfliegenproblem, wenn sie dich abends noch mal zum Einkaufen losschicken. @_ungenau_

Irgendwann tun sich die ganzen Fruchtfliegen zusammen und werfen mich einfach aus der Wohnung. @Pokerbeats

---

Hab die eine schwarze Banane weggeworfen. Seitdem verfolgt mich eine Fruchtfliege. Sie ist sehr wütend. Ich glaube, sie will mich umbringen. @Schlachtzeile

---

Manchmal würde ich schon gerne wissen, welche bescheuerte Wette Gott verloren hat, als er die Fruchtfliege erschuf. @_ungenau_

Kein Lebewesen in keinem Universum ist blöder als eine Fliege, der man das Fenster öffnet, damit sie rausfliegt. @der_handwerk

---

Eine Fliege ist raus und eine Motte ist reingeflogen. Bestimmt Schichtwechsel. @eingenickt

---

So lange, wie diese eine Fliege jetzt schon bei mir wohnt, stelle ich sie am Wochenende vielleicht mal meinen Eltern vor. @_ungenau

---

Hier ist eine sehr dicke Fliege. Wollte sie erschlagen, aber sie hat mir die Zeitung aus der Hand gerissen und liest jetzt den Sportteil. @MaoriHH

Ich gehe jetzt ins Bett. Oder wie die Mücken sagen würden: »Das Buffet ist eröffnet!« @se7enben

---

Ich würde nicht sagen, dass ich viele Mückenstiche im Gesicht habe, aber das Sams kam gerade vorbei und wollte sich etwas wünschen. @Pokerbeats

---

Mücken sind 2014 aggressiver. Heute Morgen lag ein Zettel neben meinem Bett: »Dein Blut ist okay, aber Du schnarchst wie Sau.« @_ungenau_

#Panorama

Wenn du 3× laut »Große Koalition« in den Badezimmerspiegel rufst, erscheint Willy Brandt und kotzt dir auf die Schuhe. @Regendelfin

Was die Gesellschaft bewegt: Ein Rundblick – vom Bundestagsgeschehen über eine Flughafenbau-Erfolgsgeschichte bis hin zu Scooter.

Mayonnaise hat mehr Eier als unsere Regierung.
@Biobratwurst

Und dann immer diese Angst, dass plötzlich Angela Merkel hinter dir steht und dir ihr Vertrauen ausspricht.
@RitaKasino

Aufatmen bei Bundeswehr! Es wurde doch noch ein funktionstüchtiger Panzer gefunden. Gesucht wird der Gefreite, der die Tankschlüssel hat. @Schlachtzeile

---

+++ CSU fordert: Zu Hause Deutsch sprechen! +++
Millionen von bayrischen Familien verzweifelt +++
Was wird aus ihrer Staatsbürgerschaft? +++ @bov

Die acht reichsten Deutschen könnten übrigens den kompletten Staatshaushalt sanieren. Frau Merkel hat ihnen nur noch keine SMS geschrieben. @DrWaumiau

---

Lese gerade: »Merkel in China zu gewagtem Spagat gezwungen!«
Mein Kopfkino schwankt zwischen Morgenübelkeit und total alberner Heiterkeit. @Schlachtzeile

---

Merkel ermahnt Ukraine: »Demokratische Freiheiten müssten unbedingt gewährleistet sein!« In Hamburg liegen Hunderte lachend vor der Flora. @t5a

---

Es fällt uns also leichter, Waffen in ein Bürgerkriegsland zu liefern als hygienische Krankenhausartikel in ein Epidemiegebiet? Ist das so? @Schlachtzeile

---

Der Bundespräsident spricht in den Weihnachtsansprachen stets so, als wende er sich an Grenzdebile. Er kennt sein Land und seine Bewohner. @der_handwerk

---

Alle sagen: »Die FDP ist draußen.«
Traue mich jetzt nicht mehr vor die Türe. @eingenickt

Von der Leyen wird Verteidigungsministerin. Jeder, der sich selbst verteidigt, kriegt 100 Euro Schwertprämie. @bov

---

Sehr geehrter Herr @RegSprecher, kann Frau Merkel bitte dem Winter schnellstmöglich ihr vollstes Vertrauen aussprechen? @sechsdreinuller

---

Erst: »Atomkraft gefährlich!« Dann: »Es gibt Nazis!« Wenn Merkel morgen behauptet, die Erde sei 'ne Kugel, ist sie ihre Basis endgültig los. @bov

---

Sich auf dem Weihnachtsmarkt mit AfD-Mitgliedern unterhalten. Oder wie wir in Hamburg sagen: Glühwein mit Stuss. @Regendelfin

---

Westerwelle, Steinmeier und Merkel: Two and a Half Men. @HausOhneFenster

---

Wenn ich mir den Stimmzettel so anschaue, wähle ich lieber die 183 (scharf) und lasse mich 4 Jahre von einer gebackenen Ente regieren. @Biobratwurst

---

»Darf man seine Wähler eigentlich belügen?«
»Nur vor der Wahl.«
»Und nach der Wahl?«
»Ist vor der Wahl.« @DrWaumiau

Wenn ich groß bin, programmiere ich einen Wahl-O-Mat, bei dem am Ende immer rauskommt: »BENUTZ DEIN SCHEISS HIRN!« @t5a

---

Wahl-O-Mat der Süddeutschen Zeitung. 35 Thesen. Überall »bin unentschieden« angekreuzt. Ergebnis: Soll CDU wählen. @bov

---

Die Wahlhelfer meinen, ich soll endlich die Kabine freigeben. Man wird ja wohl noch 2 Stündchen über die Zukunft Europas nachdenken dürfen! @der_handwerk

---

(Letzter Versuch, Überwachung zum Wahlkampfthema zu machen. Räusper.) DIE NSA HAT EIN GOOGLE MAPS, WO EUER HAUS NICHT VERPIXELT IST!!! @bov

---

Ist euch auch schon aufgefallen, dass alle bedenklichen Gruppierungen in der Vergangenheit mit »NS« beginnen? NSDAP, NSA, NSU, N'Sync… @se7enben

---

Dank Quizduell weiß die NSA jetzt, dass ich dumm bin. @sechsdreinuller

---

Starte ein Deichkind-Album und bekomme zeitgleich eine Mail mit Deichkind-Tourdaten. Der für mich zuständige NSA-Mitarbeiter ist auf Zack. @GebbiGibson

---

Jetzt hat der Zuckerberg schon über 'ne Woche meine Nummer und hat immer noch nicht angerufen. @s_ill_e

---

Kim Jong-un wird schon länger vermisst und ist nicht erreichbar. Vielleicht sitzt er ja in einem ICE @hf_sports

---

Überraschung in Griechenland: Newcomer wird neuer Ministerpräsident! Die ganze Welt fragt sich:
Wer ist dieser Silvionides Berlusconopolos? @bov

Ein Land, das aussieht wie der Stiefel einer osteuropäischen Straßennutte, kann ja wohl nur von Silvio Berlusconi regiert werden. @gallenbitter

---

»Was möchtest du werden, wenn du groß bist?«
»Ein deutsches Großprojekt.«
»Warum?«
»Ich bekomme immer Geld und muss nie pünktlich sein!«
@Biobratwurst

Wenn Berlin und Hamburg auch nur etwas Mut hätten, würden sie jetzt anfangen, vom Flughafen BER zur Elbphilharmonie den Transrapid zu bauen @bov

---

Was haben der BER und der Todesstern gemeinsam?
– groß
– grau
– teuer
– unfähiger Kommandant
– Probleme mit der Belüftungsanlage @DrWaumiau

Gesehen, was ein LEGO-Flughafen für den Zweijährigen kostet. Wenn man das maßstabsgetreu hochrechnet, ist der Berliner Flughafen günstig. @GebbiGibson

---

Wenn man sein Ohr ganz dicht an den Bauzaun des Berliner Flughafens hält, kann man die Hamburger Elbphilharmonie kichern hören. @Schlachtzeile

---

»Wirst Du mich immer lieben?«
»Ja!«
»Sag! Wie lange?«
»Bis zur Eröffnung des Berliner Flughafens!«
»Ooohhhh! Du bist so romantisch!« @Schlachtzeile

Was haben die Elbphilharmonie, der BER und
Uli Hoeneß gemeinsam?
Alle drei sind im Bau. @Regendelfin

Wenn jede Zigarette das Leben wirklich um 11 Minuten verkürzt, dann war die Lebenserwartung von Helmut Schmidt ursprünglich 1.563 Jahre. @Regendelfin

---

Lieber @adac, habe gerade 0,84 € Mitgliedsbeitrag überwiesen. Ihr hattet 84 € geschrieben, aber ich nehme an, die Zahlen sind leicht geschönt. @Regendelfin

---

Siemens streicht 11.600 Stellen und spart so 1 Milliarde €.
1 Milliarde €, oder wie Tebartz-van Elst sagt:
Der Springbrunnen im Gästeklo. @Regendelfin

Schon 22 Türchen aufgemacht. Dass ist wie bei Tebartz-van Elst, wenn er das Wohnzimmer sucht. @Regendelfin

---

Drei Tage vor dem Apple-Store campiert. Nur für den Gag, da gleich reinzugehen und »Nein, danke.
Ich schaue bloß« zu sagen. Vorfreude! @GebbiGibson

Faszinierend, wie die von IKEA aus alten Turnmatten, Fleischabfällen und Glutamat immer ihre Hot Dogs basteln. @sechsdreinuller

---

Wenn man bei »Deutsche Telekom« einige Buchstaben austauscht, hinzufügt und umstellt, dann kommt »Ihr habt doch den Arsch offen« dabei raus.
@sechsdreinuller

Amazon: Wie zufrieden waren Sie mit der Verpackung Ihres Artikels?
Antwort: Da wohnen wir jetzt drin.
Mit 3 weiteren Familien. @Wassagtihrdazu

Meine Buchhandlung schreibt, ich hätte einen 5-Euro-Schein bei ihnen verloren. Gibt es wen, der jemals so eine Mail von Amazon bekommen hat? @bov

---

Jugendliche, die in den Weihnachtsferien bei Amazon arbeiten, um Geld für Geschenke von Amazon zu verdienen. Ein modernes Perpetuum mobile.
@Biobratwurst

Liebe @db_bahn. Mir ist gerade im ICE 109 Hamburg-Berlin die Fruchtblase geplatzt.
Muss ich jetzt ein Kinderticket nachlösen? @Regendelfin

Liebe Bahn, »noreply.kundendialog@bahn.de« ist ja schon eine ganz gute Absender-Adresse. Noch besser wäre: halts.maul.und.bezahl@bahn.de @bov

Entweder ist hier gleich irgendwo 'ne Konfirmationsfeier mit lustigen Krawatten oder die Sparkasse hat seit eben Ladenschluss @hf_sports

Reform bei den Größentabellen von H&M:
S = Essstörung
M = Skinny Bitch
L = S
XL = Etwas zu klein für die durchschnittliche Deutsche
@Regendelfin

Sarrazins erstes Buch war übrigens »das meistverkaufte Sachbuch seit 1945«. (Das meistverkaufte Sachbuch bis 1945 war von wem anders.) @bov

Bloß gut, dass der Hitler tot ist. Sonst würden sie ihn ständig in die Talkshows einladen zum Thema: »Haben wir ein Faschismus-Problem?« @bov

Da hatten Joseph und Maria ja Glück, dass sie für den kleinen Jesus noch einen Krippenplatz bekommen haben. @HausOhneFenster

»Ich hab mein Geld bei so 'ner Art Systemwette verloren. Immer viel eingezahlt und am Ende nichts rausbekommen.«
»Pferdewetten?«
»Nee, Rente!« @Schlachtzeile

»Verbinden Sie mich bitte mit der Radiologie?«
»Sehr gern. Sind Sie privat versichert?«
»Nein.«
»Dann haben wir keine Radiologie.« @hf_sports

Morgen ist wieder Girls Day bei uns. Da lernen junge technikinteressierte Mädchen, warum sie für die gleiche Arbeit weniger Geld bekommen. @Wassagtihrdazu

---

Für jedes Kind, das zum »Turbo-Abitur« durchgeprügelt wird, sitzt Peter Pan einen weiteren Tag in Nimmerland mit Brechdurchfall auf'm Lokus. @Schlachtzeile

---

Deutsche Schüler holen in der PISA-Studie auf. Rund 75% der Befragten wissen, wer der Babo ist. @se7enben

---

»Jeder sechste Deutsche liest wie ein Zehnjähriger.«
Bin vor Lachen glatt mit dem Finger in der Zeile verrutscht. @GebbiGibson

---

Das Volk ist dumm wie Brot.
Vielleicht sollte Bernd das Land regieren. @gallenbitter

Wenn doch die Leute nicht nur am 1. April, sondern auch an allen anderen Tagen den Wahrheitsgehalt von Nachrichten hinterfragen würden … @HausOhneFenster

---

Nächster sozialer Fortschritt: Firmen, die die pflegebedürftigen Eltern ihrer Angestellten einfrieren, bis die mal Zeit zum Pflegen haben. @bov

---

Wenn man endlich in der Mitte der Gesellschaft angekommen ist, dann ist der Weg zum Tellerrand eben auch ziemlich weit. @HausOhneFenster

---

Nicht, dass ich der Zivilisation generell kritisch gegenüberstehe, aber ich würde lieber einmal im Jahr ein Mammut erledigen als die Steuer. @der_handwerk

---

»Überweisen Sie mir den Rest?«
»Klar. Ich brauche nur Ihre IBAN.«
»Ach, passt schon.« @namenlos4

Es würden weniger Flugzeuge verschwinden, wenn da Pfand drauf wäre @hf_sports

---

Drei Jahre ihres Lebens verbringen Bundesbürger im Durchschnitt mit dem sinnlosen Abheften ungefragt und unerwünscht erhaltener Kontoauszüge. @der_handwerk

---

»ALLE ANDEREN KINDER HABEN IPADS!«
»Alle anderen Kinder müssen iPads bauen.«
@namenlos4

»Ihr Junge fährt Puppen im Kinderwagen spazieren. Keine Angst, dass der mal schwul wird?«
»Ich hab Angst, dass der so blöd wie Sie wird!«
@RitaKasino

»Internet macht einsam und desorientiert.«
Lieber Papst, wenn man keine Ahnung hat, einfach nur die Messe halten. @der_handwerk

---

Ach, der neue Papst ist ein strikter Gegner der Homo-Ehe? Das ist aber mal eine Überraschung! Sagt nicht, er sei auch noch Katholik! @Schlachtzeile

---

Hab eben gedacht, ich hätte einen NPD-Wahlstand gesehen. War aber doch ein Dixi-Klo @hf_sports

---

Es gibt kein Argument dafür, dass man einen Pelz trägt. Es sei denn man ist ein Gouda und liegt schon 6 Wochen im Kühlschrank. @se7enben

---

Was kein Thema sein sollte:
1. Hautfarbe
2. Sexuelle Orientierung
3. Religion
Was leider immer Thema ist: siehe 1–3. @Wassagtihrdazu

Eben in Hundescheiße getreten und wild geflucht. Direkt 17 Feature-Anfragen von Deutschrappern bekommen. Und 'nen Bambi für Integration. @sechsdreinuller

---

Integrationspreis: Bushido.
Fernsehpreis: Berlin – Tag & Nacht.
Comedypreis: Mario Barth.
Wo bleibt der Friedensnobelpreis für Hitler?
@DrWaumiau

Oh. Häusliche Gewalt gegen die Ehefrau. Dann bekommt Bushido jetzt 2015 also nach dem Integrations-Bambi auch noch den Friedensnobelpreis. @Regendelfin

Hitler hat noch mal für zwei Jahre
bei N24 unterschrieben. @t5a

Wer hier leben will, muss die deutsche Sprache beherrschen?
Die CSU verbreitet mit ihrer Forderung Panik unter Millionen RTL-Zuschauern! @Schlachtzeile

---

RTL ändert den Slogan »Mein RTL« in
»Dem RTL von mich«.
Das verstehen mehr Leute. @HausOhneFenster

RTL wird 30.
Für RTL-Zuschauer: Das sind 3× alle Finger. @Pokerbeats

Schlafend über die Fernbedienung gerollt und auf RTL umgeschaltet. Am nächsten Morgen hatte ich keinen Schulabschluss mehr und ein BILD-Abo. @Biobratwurst

---

Wenn der letzte Kürbis geschnitzt wurde und alle Horrorfilme FSK 6 sind, werden Sie erkennen, dass im Privatfernsehen täglich Halloween ist. @DrWaumiau

---

Erst nach über 30 Minuten bemerkt, dass ich statt »Planet der Affen« die ganze Zeit »Berlin Tag und Nacht« geschaut habe. @Biobratwurst

---

Privatfernsehen erreicht Gehirnregionen, da kommen nicht mal Klebstoffdämpfe hin. ©DrWaumiau

---

Nach der viertelstündigen Werbepause auf Pro7 fehlt immer der Rückblick: »Was bisher geschah.« @GebbiGibson

---

»Schlag den Raab« und »Grill den Henssler«.
Wann kommen endlich die Formate »Lösch den Lanz« und »Kill den Bohlen«? @Schlachtzeile

---

»Mario Barth hält die Fresse« wäre eine RTL-Sendung, in die ich eventuell mal reinzappen würde. @Pokerbeats

---

Die Maßeinheit für Unlustigkeit ist übrigens Barth.
100 Pocher sind ein Barth, was ungefähr 5,7 Ceylan entspricht. @sechsdreinuller

---

Im Edeka hat eine Frau ihren Mann gerade Spülmittel holen lassen, während sie Bier ausgesucht hat. Sagt das bitte nicht Mario Barth. @Pokerbeats

---

Meine Freundinnen und ich exen Bier und Tequilla, jedes Mal, wenn Mario Barth uns zum Lachen bringt. Richtig: seit acht Jahren trocken. @Regendelfin

---

ZDF an. Markus Lanz trägt Lederhosen und fällt jemandem ins Wort. ZDF aus. #WettenDass @Pokerbeats

---

ZDF macht Schluss mit »Wetten, dass«, geht aber noch dreimal auf Sendung. Das ist ja wie mit meinen Ex-Freundinnen @hf_sports

---

Was haben Champions League und Bachelor gemeinsam? Den Pfosten. @Pokerbeats

---

»Papa, erzähl mal, wie du die Mama kennengelernt hast.«
»Also, ich war Kandidat in dieser Sendung auf RTL mit 22 Flittchen …«
#Bachelor @Pokerbeats

Meine Lieblingsfolge von »Alarm für Cobra 11«
ist die mit dem explodierenden Auto. @Pokerbeats

»Ich wandere aus.«
»Oh … Lässt du dich von ›Goodbye Deutschland‹
dabei filmen?«
»Nein, ich kann die Sprache und hab ´nen Job,
das wäre öde.« @s_ill_e

»Do you speak English?«
»Was?«
»Parlez-vous français?«
»Was?«
»Habla español?«
»Was?«
»Perfekt, wir filmen Ihre Auswanderung!« @Pokerbeats

Ich verbrenne täglich etwa 1000 Kalorien dabei,
bei Auswanderer-Sendungen fassungslos mit dem Kopf
zu schütteln. @Pokerbeats

Ob mich Fernsehen beeinflusst? Nach »Anna« wollte
ich Balletttänzer oder Rollstuhlfahrer werden und jetzt
Tatortreiniger. Oder Chemielehrer. @sechsdreinuller

Guckt man Game of Thrones zum 134. Mal, sieht man Dinge, die einem vorher nie aufgefallen sind. Ich habe zum Beispiel inzwischen einen Sohn. @der_handwerk

---

Justin Bieber bei Music Awards zum beliebtesten Künstler gekürt. An Gräbern von Mozart bis Lennon wurden heftige Erdbewegungen registriert. @Schlachtzeile

---

Trage heute Shorts & Kurzarmhemd. Gleich wächst mir ein Opel Agila, den ich an der Kreuzung abwürge, während Helene Fischer im Radio dudelt. @DrWaumiau

---

Neben mir am Buffet steht H.P. Baxxter und isst Lachs. Ich glaube, ich frage kurz, was der Fisch kostet. #Echo2014@Pokerbeats

---

Habe gerade eine echt hübsche, aber viel zu nuttig angezogene 14-Jährige gesehen. Oder wie Lothar Matthäus sagen würde: »Ja, es ist Liebe!« @Regendelfin

---

Halbnackte, dicke deutsche Männer, die schwitzend mit der Grillzange in der Luft erklären, wie man richtig Fußball spielt. Hach, es ist WM. @namenlos4

Das Baby meiner Tante ist 7 Monate alt. Stellt man es hin, fällt es ohne erkennbaren Grund sofort um. Wir nennen es liebevoll: Arjen Robben. @Regendelfin

---

»Entschuldigung, sind Sie Fußballer?«
»Ja, woher wissen Sie das?«
»Weil Sie sich am Boden wälzen, seit der Schmetterling gegen Sie flog!« @Schlachtzeile

---

»Ich wäre eine gute Fußballkommentatorin.«
»Du kannst dir doch keine Namen merken.«
»Ich würde die Fresse halten, man würde mich lieben.« @s_ill_e

---

»Ist das die Selbsthilfegruppe italienischer Fußballer?«
»AAAH, ER HAT MIR DIE TÜR ANS KNIE GERAMMT!«
»Du sitzt 6 Meter weg!«
»ICH STERBE!« @Schlachtzeile

»Würdest du mich noch mal heiraten?«
»Oft!«
»Sag, wie oft?«
»So oft, wie der HSV den Trainer wechselt!«
»Hach, du bist so romantisch!« @Schlachtzeile

Man erkennt bei Fußballern immer ganz gut an den Frisuren, wer die Grundschule für die Karriere abgebrochen hat. @Pokerbeats

---

Wenn ich nicht schlafen kann, zähle ich deutsche Tore. @prunio

---

Schon die Eltern von Manuel Neuer hatten früher immer total Panik, wenn der Manuel gesagt hat: »Ich geh noch ein bisschen raus.« @_ungenau_

Geil. SMS-Sex mit Jogi Löw:
»Ich bin der wo naggisch isch!«,
»Ich würd scho au sagmermal dein BH öffne wolle!«,
»Högschde Erregdion!« @Regendelfin

Boah, wie kleinlich! Scheißegal, ob der Armstrong gedopt war. Leute, der Kerl war auf dem Mond!!! @bov

---

#WatSeFack

Is’ die Nahrungskette eigentlich das lustige Ding am Einkaufwagen, wegen dem man immer ’nen Euro dabeihaben muss? @Biobratwurst

Manchmal kann man Leute dabei beobachten, wie sie plötzlich und ohne erkennbaren Anlass anfangen zu grinsen: Menschen mit Kopfkino-Hintergrund. Wäre es nicht wunderbar, wenn man tatsächlich erfahren könnte, was hinter ihrer Stirn vorgeht?

Hocker, der Stehtisch des kleinen Mannes. @MaoriHH

»Ich geh mit dir ans Ende der Welt!«
»Ist es noch weit? Ich muss Pipi!« @RitaKasino

Es ist erschütternd, wenn das Lebenswerk den Bach runtergeht. Außer man ist eine Lachsmutti. @MaoriHH

Auf die Frage, warum sich ein Liefertermin verschiebt, ist »Schicksal« anscheinend die total falsche Antwort. @Wassagtihrdazu

---

Gartenarbeit entspannt. Kommt aber natürlich auch immer ganz darauf an, wen man da gerade vergräbt. @_ungenau_

Wurde zum Umzug eingeladen. Bin der einzige, der sich verkleidet hat. Alle anderen schleppen Kisten. @RitaKasino

---

Oma verdrückte eine Träne, als sie an ihrem 100. Geburtstag realisierte, dass sie nie wieder an Gesellschaftsspielen wird teilnehmen dürfen. @Biobratwurst

»Magst du 'nen Kakao?«
»Lactose-Unverträglichkeit!«
»Keks?«
»Glutenallergie!«
»Gehen wir in den Park?«
»Heuschnupfen!«
»Ich hätte 'ne Pistole!« @Schlachtzeile

»Verrückter Städter«, sagen sie,
»genieß doch einfach die Natur hier.«
Aber ausprobieren wollen sie mein Eichhörnchenkatapult trotzdem alle. @jesscuster

---

Unser Wohnmobil ist so lang, dass wir uns überlegen, ein kleineres Wohnmobil zu kaufen, um nach hinten in die Küche zu fahren. @prunio

---

Die Nachbarin hat weder Milch noch Eier. Macht nichts. Zumindest konnte ich ihre Frage »Wissen Sie überhaupt, wie spät es ist?« beantworten. @gallenbitter

---

»Ein Paket!«
»Ja, danke!«
»Und Sie sind der Herr …?«
»Das stimmt, mein Sohn! Wie hast du mich erkannt?«
DHL-Boten lieben mich für so was! @Schlachtzeile

»Ein Franzbrötchen bitte und so'n Ding mit Schokolade, dessen peinlichen Namen ich nicht aussprechen mag.«
»Ein Schoko-Wuppi?«
»Genau. :(« @nutellagangbang

Komme gerade vom Training. 2 Stunden Laufband. Klasse. Nur die schimpfende Kassiererin und das ständige Piepen haben mich tierisch genervt @hf_sports

---

583 Kilometer fahren, klingeln und sagen:
»Ich war grad in der Gegend.« @akkordeonistin

»Möchten Sie auch eine Currywurst?«
»Ist die bio?«
»NA KLAR! UND VEGAN! UND FAIR TRADED! UND POLITICAL CORRECT! MACHT 39,90 EURO, DER HERR!«
@Schlachtzeile

»Du putzt dir aber lange die Zähne.«
lässt das Jahr Revue passieren
»Ich denke, ich brauche noch etwas.« @jesscuster

Arachnophobie → die (zumeist weibliche) Angst vor Spinnen
Anmachnophobie → die (zumeist weibliche) Angst vor Spinnern @Schlachtzeile

Durchsage im Supermarkt: Der 12-jährige Scotch möchte bitte an der Kasse abgeholt werden. @Wassagtihrdazu

---

Ob Menschen, die Philipp heißen, auch jedes Mal googeln müssen, wie sie sich schreiben? @der_handwerk

---

Hach, Omas, sie werden so schnell klein. @prunio

»Warum warst du nicht beim Arzt?«
»Ich hatte meine Batman-Unterhosen an.«
»Ist dir das peinlich?«
»Er darf nicht wissen, wer ich bin!« @gallenbitter

Ich habe übrigens ein kleines Bild von meiner Lieblingssteckdose in meiner Brieftasche. @eingenickt

---

Formel 1 ist total unrealistisch. Warum werfen die Fahrer denn keine Bananenschalen hinter sich auf die Strecke? @Pokerbeats

---

Verpixelt ist das neue kleinkariert. @gallenbitter

Plane einen »Asterix bei der digitalen Bohème«-Comic. Mit Ichmachheutnix, Mausklix, Wlanstix, Ichblogfix, Clubmatix, Twitpix und Youpornwix. @sechsdreinuller

---

»Ach, der Herr von der GEZ. Kommen se rein,
ihr Kollege wartet schon.«
»Echt? Merkwürdig. Wo denn?«
»Gleich dort, in der Tiefkühltruhe.« @Biobratwurst

Ich hab nix gegen Hippies,
ich fühl mich nur von Batik provoziert. @t5a

Habe grad bemerkt, dass das Geschenkpapier von Mama genau wie das vom Weihnachtsmann aussieht.
Ich glaube langsam, Mama gibt's gar nicht. @se7enben

Wir ritten nackt, mit Nutella verschmierten Mündern, lachend auf Einhörnern durch die Nacht. Dann haben Sie unsere Medikation geändert. @Wassagtihrdazu

---

Habe mir zum Frühstück eine Pfanne in die Eier gehaut.
@RitaKasino

Und plötzlich fällt dir ein, dass du deine Freundin vom Bahnhof abholen solltest. Vor einer Stunde.
Am Montag vor zwei Wochen. 1998. @Biobratwurst

Auf dem Balkon steht eine Schale Mais von der Silvesterfeier. In 11 Monaten lebt er bestimmt und kann mit uns Silvester feiern. @MaoriHH

Was Oma früher noch wusste: ihren Namen. @prunio

Würdet ihr nicht auch gerne mal alle Menschen treffen, deren Namen ihr immer genannt habt, wenn ihr beim Schwarzfahren erwischt wurdet? @sechsdreinuller

---

»Guck mal Schatz, ich bin ein 3D-Drucker!«
»Du sitzt auf Klo.« @nutellagangbang

»Hast Du den Süßkram für die klingelnden Kinder morgen schon bereitgelegt?«
»Waff?« @s_ill_e

»Was sagst du zu meinem neuen Kleid?«
»Hallo Kleid.« @gallenbitter

Manchmal gehe ich nachts in die Pathologie und laufe mit ausgebreiteten Armen durch die Gänge. Ich lege sie aber immer wieder zurück. @HausOhneFenster

---

Tauben sollten alle kleine Kopfhörer tragen, dann würde das Kopfnicken beim Gehen viel cooler rüberkommen. @_ungenau_

»Ich hätte gerne einen Glühwein.«
»Bitte?«
»Glühwein!«
»Hä?«
»Ich hätte gerne einen Hot Cinnamon Spiced Fat Free Glow Wine.«
»Aaaah! To go?« @sechsdreinuller

»Wie findest du mein neues Hemd?«
»Na ja, ich sag immer ›Hauptsache, es sind alle gesund‹.« @Pokerbeats

---

Die Frau behauptet, es sei gar keine Tradition, dass man mit seinem Kind kurz vor der Einschulung nach Las Vegas fliegt und Drogen nimmt. @GebbiGibson

---

Baden-Württemberg. Wo Bon Jovi noch unironisch im Radio gespielt wird. @nutellagangbang

»Ist 56 eine Zahl?«
»Ja.«
»57?«
»Ja.«
»87?«
»Ja.«
»47?«
»Ja.«
»59?«
»Ja.«
»25?«
»Ja?«
»91?«
»Ja.«
»Welche Zahlen gibt es noch?«
»Das waren alle.« @namenlos4

Um meinen Therapeuten zu verwirren,
habe ich mir ein lachendes
Smiley auf den Unterarm geritzt. @emoprunio

Wie jetzt? AGB bedeutet nicht »Aus Gründen, Bitch«?
@RitaKasino

Ein japanisches Ehepaar hat mir heute im Park eine Spiegelreflexkamera geschenkt. Den Rest habe ich nicht verstanden. @gallenbitter

---

»Pony können wirklich nur ganz wenige Frauen tragen.«
»Ist ja auch scheiße schwer.«
Aus mir wäre ein guter Modeblogger geworden.
@DrWaumiau

»Entschuldigung, da sitzt meine Freundin!«
»Das ist nur eine Weinflasche mit einem aufgemalten Lippenstiftmund.«
Der Typ will doch Ärger. @jesscuster

Gebiss einer Frau fällt in die Nudeln. Wir lachen jetzt über Zahn-Pasta. Ihr kennt das. @Wassagtihrdazu

---

Ein gepflegter Klatscher in den Nacken. Die Lichthupe des kleinen Mannes auf der Rolltreppe @hf_sports

---

Dieses Stage-Diving ist total gefährlich. Der eine wäre fast auf meinem Opernglas gelandet. @GebbiGibson

---

Ein paar Leute haben den Klingelbeutel in der Kirche missverstanden und Scheine reingelegt. Aufmerksam wie ich bin, hab ich die aussortiert. @Biobratwurst

---

Ich lebe seit 3 ½ Jahren mit einer Agrarwissenschaftlerin zusammen und erst jetzt fällt mir die Bezeichnung »Ackerdemiker« ein. @nutellagangbang

---

»Willst du sie lieben und ehren, Freud und Leid teilen und ihr die Treue halten, bis der Tod euch scheidet?«
»Einspruch. Suggestivfrage.« @gallenbitter

Damit man mir das Wort nicht so leicht im Mund umdrehen kann, verwende ich fortan sperrige Wörter. @akkordeonistin

---

Fresshaltefolie wäre eine sehr wichtige Erfindung. @HausOhneFenster

---

Nachbarin klingelte um Mitternacht und meinte, ich soll den Porno etwas leiser stellen. Habe das US Open dann auf Stumm zu Ende geschaut. @prunio

---

Wenn mir langweilig ist, gehe ich auf Adel-Tawil-Konzerte und quatsche jeden Fan an mit: »Der Xavier Naidoo ist aber fett geworden.« @Regendelfin

---

Einmal so eine Scheißegalhaltung an den Tag legen wie der Typ, der als erster Mensch eine Aubergine gegessen hat. @MaoriHH

Ich finde ja, dass man lediglich Frauen zum Mars schicken sollte. Die können sich dann den ganzen Flug unterhalten und brauchen nicht atmen. @se7enben

---

Bevor dich die Straßenbahn totfährt, wird sie nicht bremsen. Aber lustig klingeln. @gallenbitter

---

»Dein Arsch ist aber auch schon mal dünner gewesen!«
»Ganz im Gegenteil zu dem Eis, auf das du dich gerade begibst.« @Regendelfin

---

Ein Mann trägt die gleiche Wolfskin-Jacke wie ich. Wir sehen uns an, lächeln, greifen unsere Hände und hopsen dem Sonnenaufgang entgegen @hf_sports

---

Wenn mir langweilig ist, setze ich mich vor die Fleischtheke und schluchze: Sie sind tot, sie sind alle tot. @Wassagtihrdazu

---

Brief bekommen. Nicht von Hogwarts. Doofer Tag. @eingenickt

Sitze seit 20 Minuten im Busch und beobachte einen Mann, der einfach so im Auto sitzt. Der ist doch nicht normal! @namenlos4

»Einen Döner!«
»Mit alles?«
»Dativ!«
»Ham wir nich!«
»Mit allem!«
»Allem hat heute frei!«
»ES HEISST MIT ALLEM!«
»Nö! Heißt Döner-Paradies!« @Schlachtzeile

Ich möchte nicht Präsident von einem Land sein, in dem man Menschen, die ungeniert gähnen, nicht Hasenköttel in den Mund werden darf. @sechsdreinuller

---

Versetzen Sie sich doch einmal in meine Rage. @akkordeonistin

---

Passanten das Handy geben und sie bitten, ein Fremdie zu machen. @GebbiGibson

»Ist das ein Vibrator?«
»Das heißt jetzt nicht mehr ›Vibrator‹, sondern ›Silikon mit Vibrationshintergrund‹.« @Biobratwurst

---

»Hast du gerade die ganzen Toffifees aufgegessen?«
»Ich brauchte die Packung, um Eiswürfel zu machen!« @nutellagangbang

---

»Ich brauche ein weißes Blatt. Könntest du …«
»Boah, druck doch 'ne leere Seite aus!«
»…«
@MaoriHH

»Ich suche nach dem Sinn des Lebens!«
»Tut mir sehr leid, wir sind eine Bar!«
»Uuuuuuuuund gefunden!« @RitaKasino

»Auf einer Skala von 1–10, wie kaffeesüchtig sind Sie?«
»Kaffee? Wo?«
»Nein, ich …«
»Wo denn?«
»Ich meinte …«
»HER JETZT MIT DEM KAFFEE!« @s_ill_e

»Was ist das für ein riesiges Gebäude, vor dem die ganzen teuren Autos parken?«
»Das ist der Minderwertigkeitskomplex.« @Biobratwurst

»Ein Stück Käsekuchen bitte.«
»Gern.«
…
»NEIN, DAS GROSSE RUNDE!« @Wassagtihrdazu

»Polizeikontrolle! Haben Sie getrunken?«
»Los Pikachu! Donnerschlag!«
»Haben Sie mir gerade einen Hamster an den Kopf geworfen???« @DrWaumiau

---

»Sind Sie vielleicht zugestiegen?«
»Nein. Ich bin hier im Zug geboren, aber meine Mutter ist dann ausgestiegen, als ich volljährig wurde.« @Regendelfin

---

»Ist dieser Sitzplatz noch frei?«
»Nein.«
»Aber da sitzt doch niemand!«
»Sie haben mit dem Unsinn angefangen!« @gallenbitter

Deutsche Kinder bekomme immer weniger Taschengeld. Viele Siebtklässler müssen schon selber drehen @hf_sports

---

Riesige Schlange beim Bäcker. Dass ich gestern bereits mein Handtuch über die Theke geworfen habe, zählt angeblich nicht. @GebbiGibson

---

Jetzt habe ich an der Tankstelle schon wieder Schnaps gekauft, weil ich Smoothie einfach nicht aussprechen kann. @_ungenau_

»The Doors« gehört und prompt gegen eine Türe gelaufen. Versuche es jetzt mal mit »Money, Money, Money« von ABBA. @RitaKasino

---

Ich wollte 100 Euro einzahlen und der Typ vor mir 100 abheben. Habe ihm das Geld gegeben und das Anstehen gespart. Das wird mein Glückstag! @GebbiGibson

---

Ein einziger Buchstabe verändert den ganzen Sinn. Das wissen Sie aber selber, dazu brauchen Sie keinen Flachmann. @akkordeonistin

---

»Zahlen Sie bar oder mit Karte?«
»Bar.«
»Darf ich noch Ihre Postleitzahl erfahren?«
»P. Sherman, 42 Wallaby Way, Sydney.« @sechsdreinuller

Das Doofe an Fotos von Hitler ist ja, dass man nicht aus Spaß ein Hitlerbärtchen dranmalen kann. @nutellagangbang

---

Bei Amazon die benutzten Einkaufswagen zurückstellen. Das wäre ein Job für mich. @prunio

---

Die Heizung ist seit gestern kaputt. Heute Ofenkäse gekauft. Das verdammte Ding heizt aber nicht. Morgen eine Ofenkartoffel testen. @Wassagtihrdazu

---

»Immer die traurigen Gesichter der Kleinen, wenn ich sie aus dem Kindergarten abhole.«
»Du hast Kinder?«
»Nein.« @Biobratwurst

Im Flugzeug kurz vor dem Start die hübsche Sitznachbarin fragen, ob sie noch mit hoch kommt und genießen, dass sie nicht Nein sagen kann. @prunio

---

»Dieser Wolf wird kein leichter sein.
Dieser Wolf wird steinig und schwer.«
Die sieben Geißlein @nutellagangbang

»Wer sind Sie und was haben Sie
in meiner Wohnung verloren?«
»Schatz, wir sind verheiratet.«
»BEANTWORTEN SIE MEINE FRAGE!« @MaoriHH

»Kiffst du etwa?«
»Das ist medizinisches Marihuana.«
»Oh Gott! Was hast du denn?«
»Feierabend.« @DrWaumiau

»Ich war nicht betrunken!«
»Alter! Du hast den Papagei deiner Oma in das McDrive-Fenster geschmissen und ›ANGRY BIRDS‹ gebrüllt!«
@se7enben

Wurde von einem Dacia angefahren.
Bin im Krankenhaus. Besuche den Fahrer. @RitaKasino

»Als Frau lege ich ganz traditionell Wert auf die
›3 großen K‹.«
»Küche, Kinder, Kirche?«
»Kaffee, Kekse, Kuchen.« @s_ill_e

Generation YouPorn:
Willst du mit mir gehn?
☐ Ja
☐ Nein
☐ Handjob
☐ Blowjob
☒ Japanese
☒ MILF
☐ BBW
☐ BDSM
☐ Cream Pie
☒ Anal
☐ Vielleicht @Biobratwurst

»Du musst unbedingt ›The Artist‹ angucken.
Ist ein guter Film.«
»Rennt jemand gegen ’ne Glasscheibe?«
»Nein.«
»Dann ist es kein guter Film!« @sechsdreinuller

»YOLO!«
»Wie bitte?«
»Oh, Entschuldigung! Ich meinte, unsere Existenz auf diesem Globus ist von unumstößlicher Singularität!«
@Schlachtzeile

»Morgens läute ich mit dem Glöckchen nach den Bediensteten.«
»Du hast Bedienstete?!?«
»Nein, aber ein Glöckchen.« @Pfefferine

»Guten Morgen. Wie hast du geschlafen?«
»Im Liegen. Und du?« @eingenickt

»Kannst du noch fahren oder hast du zu viel getrunken?«
»Ich schwanke noch.« @der_handwerk

»Eine schöne Dusche ist bei diesen Temperaturen genau das Richtige. Mehr Schaum, ginge das?«
»Bitte verlassen Sie die Autowaschanlage.« @jesscuster

»Ich bin schwanger!«
»Wow!«
»Nix wow. Es wird ein Kind, kein Hund.« @gallenbitter

Mein Kühlschrank blinkt. Will wohl abbiegen. @prunio

Habe ein Kochbuch geöffnet und Angst bekommen: da wird weichgeklopft, geschlagen, stehen gelassen und am Ende gar noch kaltgestellt. @akkordeonistin

---

Wenn mir langweilig ist, klebe ich im Supermarkt »Batterien im Lieferumfang nicht enthalten«-Sticker auf ausgewählte Obst- und Gemüsesorten. @jesscuster

»Hallo Unbekannte! In deinem Elite-Partner-Profil bezeichnest du dich als ›Literaturaffin‹. Heißt das nicht Äffin?« @GebbiGibson

---

Gestolpert. Umgehend von einem Waldorf-Schüler auf meinen komischen Namen angesprochen worden. @RitaKasino

---

Die blöden Nachbarn hören Metal. Aus unserer Anlage. @MaoriHH

Auf meinem linken Socken steht ein »R«. Ungewöhnliches Designkonzept, aber okay. @eingenickt

---

Mein Magen knurrt. Ich hätte den Hund besser kauen sollen. @gallenbitter

---

»Du nimmst doch regelmäßig die Pille?!«
»Klar.«
»Ufff …«
»Am liebsten die mit den Bildchen. Jetzt dreh Scooter auf und lass weiterficken!« @Biobratwurst

---

Der Kochkurs hat sich übrigens total gelohnt.
Ich backe gerade meinen ersten Salat. @Wassagtihrdazu

»Kennst du Schrödingers Katze?«
»Jein.« @nutellagangbang

SMS-Sex würde viel besser funktionieren, wenn meine Autokorrektur nicht aus »Mmmmmhhh« immer »Mama« machen würde. @Regendelfin

---

Über Gott gelacht.
Jetzt kein Klopapier.
Keiner reagiert schneller. @gallenbitter

»Na, woll'n se 'nen Weihnachtsbohm kof'n?«
»Nein, meine Frau wollte kurz durch den Verpackungstrichter robben, weil ihr Netz so gut steht.« @DrWaumiau

---

»Draußen steht ein wütender Mob.«
»Putzen kann nie schaden. Lass ihn rein.« @Biobratwurst

»Einen Macbeth, bitte!« (Shakespeare-Wochen bei McDonald's) @HausOhneFenster

»Niemand mag Klugscheißer.«
»Man sagt Besserwisser.« @_ungenau_

»Hallo, ist das das Treffen der Anonymen Türsteher?«
»Sorry, nicht mit den Schuhen.« @Pokerbeats

Beim Glitzer-Marathon besoffen auf dem Einhorn erwischt werden. Ihr kennt das. @Wassagtihrdazu

---

Verliebt hörte ich der Autoverkäuferin zu, bis ich merkte, dass sie mit kräftig, sportlich, elegant und kompromisslos gar nicht mich meinte. @prunio

---

»Du kotzt mich an!«
»Dann verpiss dich doch!«
Die Zeit ist um. Aufrücken!
»Noch so ein Spinner!«
»Leck mich!«
Ich liebe Speed-Hating. @Biobratwurst

Ich gehe alleine zur Paartherapie. @eingenickt

Der beliebteste Osterbrauch ist
Eier suchen.
Familienstreit.
mit dem Klingelbändchen vom Lindt-Hasen um den Penis die Frau wecken! @sechsdreinuller

---

Bin grad ans Telefon gegangen. War niemand dran. Nächstes Mal warte ich, bis es klingelt. @DrWaumiau

---

Hab einen ›Coffee to go‹ im Sitzen getrunken.
Fuck the System! @eingenickt

Über den Campus gehen und denken: »Die haben alle Abitur.« @nutellagangbang

---

Unzerstörbare Bratpfannen im Tele-Shop. Kennt man ja, da steht man in der Küche und plötzlich fährt einem ein Linienbus über die Pfanne. @_ungenau_

»Wie geht's dir?«
»Schlecht!«
»Möchtest du es der Sorgenmaus erzählen?«
»Möchtest du ins Krankenhaus?« @RitaKasino

»Stellst Du das Nutellaglas bitte wieder in den Schrank, wenn du fertig bist?«
»MAN KANN DAS WIEDER WEGSTELLEN?« @s_ill_e

»Was würdest du nur ohne unsere Spülmaschine tun?«
»Dann hätte ich nur Pappteller!«
»Und an Weihnachten?«
»Bunte Pappteller!« @se7enben

»Hübsche Bauchtasche.«
»Danke.«
»Empfängnisverhütung ist so wichtig.« @DrWaumiau

»Dieses Brause-Bonbon erinnert mich total an meine Kindheit!«
Das ist ein Klostein, Schatz. @Wassagtihrdazu

»Warum hast du ein Selfie von mir in deiner Wohnung hängen?«
»Das ist ein Spiegel.« @Biobratwurst

Tipp fürs erste Mal: Stell dir einfach vor, dein Geschlechtspartner wäre nackt. Das nimmt die Nervosität. @nutellagangbang

---

Zwei Nieren, aber nur eine Leber. Gott hat keine Ahnung vom Feiern. @gallenbitter

---

Neulich in der Apotheke:
»Hallo, ich brauche was gegen Husten!«
»Schleimen Sie auch?«
»Wenn es hilft, du wunderschöner, schlauer Apotheker!«
@Regendelfin

So. Fast alle Bäume auf laublos gestellt.
@HausOhneFenster

Die Klodeckel bei McDonald's sind laut Studie sauberer als die Tabletts. Gewöhnungsbedürftig, aber wenigstens kann man hier in Ruhe essen. @gallenbitter

---

»Ich war länger nicht am Kühlschrank,
aber du kannst mal gucken was da ist.«
Kein Ding. Ich schneide mir einfach ein Stück O-Saft ab.
@jesscuster

Ich habe mich in einer seltsamen Phase meines Lebens kennengelernt. @eingenickt

---

Hamsterkäufe sind ja toll. Aber wohin mit den ganzen putzigen Gesellen? @Wassagtihrdazu

---

»Ich fahre seit 16 Jahren unfallfrei.«
»Auto?«
»Aufzug.« @Biobratwurst

»Was sind Ihre Stärken?«
»Beharrlichkeit.«
»Was noch?«
»Beharrlichkeit.«
»Wir melden uns.«
»Ich warte hier.« @gallenbitter

Ob die hübsche Kellnerin mein Gedicht mag?
Es reimt sich sogar: »Vier Bier.« @prunio

Seit mein Traum, auf 'nem BRAVO-Starschnitt zu erscheinen, zu Staub zerfallen ist, übe ich mich nur noch in Lottospielen und Weltherrschaft. @DrWaumiau

---

Wenn man während des Musicals König der Löwen einschläft, wird man von einem Platzanweiser geweckt mit »Naaaaaaa, Sie penn' jaaaaa«.@Pokerbeats

---

»Ich hab 'ne dreiviertel Pizza gegessen.«
»Ihr Ossis redet so komisch. Das heißt VIERTEL VOR Pizza!« @nutellagangbang

---

»Ich würde niemals Menschen wegen ihres Musikgeschmacks verurteilen.«
»Das ist klasse. Ich mag ja Hele…«
»RAAAAUS!!!« @MaoriHH

»Hier habe ich meine große Liebe gefunden!«
»In der Bar?«
»Die Bar!« @RitaKasino

»Wo sind denn hier die Toiletten?«
»Müssen Sie mal?«
»NEIN, ICH HABE DA GLEICH MEINE TAUCHPRÜFUNG!« @Schlachtzeile

---

»Onkel, wie hießen denn die Heiligen Drei Könige?«
»Swag, Yolo und Babo.« @se7enben

»Tolle Handtasche. Ist die von Louis Vuitton?«
Das ist mein voller Müllbeutel. @Wassagtihrdazu

Schlange vor'm Geldautomaten: »Darf ich vor? Ich will nur 'nen Zehner abheben.« @nutellagangbang

---

»Weiter. Noch ein Stück. UND STOPP!«
»Danke. Äääh, ich stehe ja ganz schief.«
»Ach, einparken. Ich dachte sie wollten die Katze überfahren.« @Biobratwurst

---

Ich bin so dagegen, ich esse sogar nur noch Antipasti. @HausOhneFenster

---

»Die Apfeltasche dauert 5 Minuten. Darf ich Ihnen für's Warten eine Apfeltasche anbieten?«
»Gerne.«
»Dauert 5 Minuten. Apfeltasche?« @gallenbitter

»Stalkst du mich?«
»Nein, ich liebe dich.«
»Aber du sitzt in meinem Schrank.«
»Ich liebe dich und Schränke.« @_ungenau_

»Geboren um zu trödeln« – Uneilig @Regendelfin

Nachts um 3 auf dem Rückweg von der Disco einfach mal bei den Zeugen Jehovas klingeln und sagen:
»So! Jetzt können wir über Gott sprechen.« @s_ill_e

»Ist das die Selbsthilfegruppe für Grobmotoriker?«
»Würden Sie mir bitte die Türklinke wiedergeben?«
@RitaKasino

»Ich glaube, du bist etwas männerfixiert in letzter Zeit. Aber nun ja, jeder wie er mag.«
»Wer ist Marc?« @MaoriHH

»Kaum war ich in der Hüpfburg, fielen alle Kinder um.«
»Bist du so heftig gesprungen?«
»Nee. Ich musste aber die Schuhe ausziehen.«
@GebbiGibson

Reiterhof mit Schimmelbefall. So was finde ich ja lustig.
@HausOhneFenster

»Dein Vater hat einen echt tollen Bart!«
Das ist meine Mutter. @Wassagtihrdazu

»DHL. Ihre Lieferung wurde an Ihrem Wunschort hinterlegt«.
Wie komme ich denn heute noch in die Karibik?
@Pfefferine

»Wie möchten Sie zahlen?«
»Kreditkarte!«
»Geht bei uns nicht!«
»DANN SCHAU ICH MAL, OB ICH NOCH EIN PAAR KUPFERMÜNZEN IN MEINER TOGA HABE!«
@Schlachtzeile

»Einen Coffee-to-go, bitte.«
»Zum Mitnehmen?« @eingenickt

»Trinkst du täglich Alkohol?«
»Nein, nur abends!« @RitaKasino

Sind gerade zum ersten Mal im Salsa Kurs. Kochschürzen und Nachos hätten wir wohl zu Hause lassen können.
@Wassagtihrdazu

»Behandle andere Menschen so,
wie du selbst von ihnen behandelt werden willst.«
Werde heute testweise einigen Frauen in den Schritt fassen. @Biobratwurst

Half gerade einer alten Dame über die Straße.
Warf einfach ihre Handtasche rüber. Unglaublich,
wie flink die dann alleine nach drüben kam. @prunio

»Komme ich ungelegen?«
»So passend wie Niesen, wenn man gerade einen Furz unterdrückt.« @RitaKasino

---

»Welche Ticks hast du so?«
»Ich habe einen Putzfimmel.«
»Aber du putzt doch nie?«
»Ich hab ihn gut unter Kontrolle.« @eingenickt

»Na, wer bringt bei euch die Geschenke,
Weihnachtsmann oder Christkind?«
»Der DHL-Mann!«
»Was für eine Religion ist das denn?«
»Realismus!« @Schlachtzeile

»ICH BIN NICH BETRUNKEN!«
»Hör auf rumzubrüllen.«
»ABER ER STEHT IM WEG!«
»Das ist ein Poller.«
»SCHEISSEGAL WELCHER RELIGION DER ANGEHÖRT!«
@DrWaumiau

»Was kostet mich denn der total nuttige Fummel im Schaufenster?«
Der kostet Sie 39,95€ und ihre Würde. @Wassagtihrdazu

»Am meisten stört mich an dir, das du so ein Klugscheißer bist.«
»Dass.« @nutellagangbang

In unserem Akademiker-Viertel gibt es keinen Autokorso. Wir rascheln alle nur kollektiv laut mit dem Feuilleton der »Zeit«. @GebbiGibson

---

Wenn mir langweilig ist, gehe ich im Standesamt zu beliebigen Trauungen und kreische: »ACH! DAS IST ALSO DEIN WICHTIGER TERMIN IM AUSLAND!« @Regendelfin

---

Letzter Gedanke eines unverbesserlich optimistischen Fischs am Fischmarkt: Ich bin in der Zeitung!
@gallenbitter

»Über die Einnahme von Ibuprofen wissen Sie Bescheid?«
»Mit einer kurzen Powerpoint Präsentation würde ich mich sicherer fühlen.« @_ungenau_

Ich gebe der Evolution noch lächerliche 2,5 Mio. Jahre, bis der Mensch eine Zunge hat, mit der sich Rührbesen perfekt ablecken lassen. @nutellagangbang

---

Am Drive-in-Schalter fragen, ob man noch jemanden grüßen darf. @eingenickt

---

Dass man sich gut mit Fremdwörtern auskennt, nützt einem auch nichts, wenn es Hochwasser gibt und eine ganze Stadt ejakuliert werden muss. @Regendelfin

---

»Ich liebe dich.«
»REDEST DU WIEDER MIT DEINEM AUTO?!«
»Keine Angst, die böse Frau kann dir nichts tun, solange ich am Steuer sitze.« @Biobratwurst

---

Ob Vögel auch ständig ans Menscheln denken? @prunio

»Ich bin kein Alkoholiker. Auch andere Menschen konsultieren bei Problemen einen Flachmann!«
»FACHMANN!«
»Oh!« @RitaKasino

»Kann ich Ihren Kaffee schon abräumen,
oder trinken Sie den Rest noch?«
»KANN ICH IHNEN DAS LEBEN NEHMEN, ODER NUTZEN SIE DEN REST NOCH?« @Schlachtzeile

---

»Welches ist ihr liebstes Werk von Mozart?«
Die Kugeln. @Wassagtihrdazu

In Vorbereitung auf Halloween, hab ich die Zeugen Jehovas gefragt, wo sie wohnen. Entwerfe nun eine Wegbeschreibung für die Nachbarskinder. @DrWaumiau

---

Zum Glück hat Flensburg keinen höherklassigen Fußballverein. Die »Punkte«-Wortspiele in der Berichterstattung wären unerträglich. @nutellagangbang

---

Wenn mir langweilig ist, lasse ich am Rechner meiner Mutter die Google-Suche »Schwanger nach Gangbang – wie ermittle ich den Vater« offen. @Regendelfin

---

Ich finde, alle Uhrzeiten am Morgen vor zehn sollten nach Schlagersängern benannt werden.
Es ist jetzt zwanzig Amigos vor Michelle. @DrWaumiau

Ich verwechsle ja immer das Bernsteinzimmer mit Bernd sein Zimmer. @HausOhneFenster

---

Mit 20 Jahren Verspätung endlich den Mut, dem Dr. Sommer-Team zu schreiben. Frage hat sich aber erübrigt. Antwort geht bereits zur Schule. @gallenbitter

---

Am 01.08.2018 endet das Haltbarkeitsdatum vom Mineralwasser. Ich hasse diesen Zeitdruck. @eingenickt

---

»Ich möchte ein A kaufen.«
»Zum letzten Mal: Wir verkaufen Buchstabensuppe nur in GANZEN Tüten!« @Biobratwurst

---

Sich mit weißen Socken und Sandalen in südamerikanische Fußgängerzonen stellen und für Geld meckern. @nutellagangbang

---

»Ach Du heiliger Strohsack!«
»Ungewöhnlich. Aber ich toleriere jede Glaubensrichtung.« @eingenickt

---

Wenn mir langweilig ist, platziere ich Aufkleber mit »Chantalle-Lynn & Jerome-Kevin on Board« auf Heckscheiben von fremden Porsche Cayennes. @Regendelfin

---

Egal, wie alt du bist, wenn eine Banane klingelt, hast du vermutlich LSD genommen. @se7enben

---

Warum alle den Tippfehler in seiner Geburtsurkunde so lustig finden, verstand Rofl erst, als er zum ersten Mal im Internet surfte. @nutellagangbang

---

Statt Trauben ins Müsli einfach mal ne Flasche Wein reinkippen… Spart Zeit und knallt auch besser. @s_ill_e

---

RED BULL IN DIE KAFFEEMASCHINE GEFÜLLT! HAT JEMAND BOCK MIT NACH KAPSTADT ZU JOGGEN? @se7enben

---

Selbstgespräche. Hier kennt jeder jeden. @eingenickt

»Spieglein, Spieglein, an der…«
»Du nicht.« @gallenbitter

Im Dunkeln Schuhe geputzt. Der Hamster sieht aus wie neu. @RitaKasino